谁都不能替你长大

SHEI DOU BUNENG TI NI ZHANGDA

[美] 刘 轩 ㊫

接力出版社
Publishing House

图书在版编目（CIP）数据

谁都不能替你长大 /（美）刘轩著.—南宁：接力出版社，2020.8

ISBN 978-7-5448-6680-4

Ⅰ.①谁… Ⅱ.①刘… Ⅲ.①心理健康－健康教育－青少年读物 Ⅳ.①G444-49

中国版本图书馆 CIP 数据核字（2020）第 099566 号

责任编辑：楚亚男　申立超　　装帧设计：许继云

责任校对：杜伟娜　　责任监印：刘　冬

社长：黄　俭　　总编辑：白　冰

出版发行：接力出版社　　社址：广西南宁市园湖南路 9 号　　邮编：530022

电话：010-65546561（发行部）　　传真：010-65545210（发行部）

http://www.jielibj.com　　E-mail:jieli@jielibook.com

经销：新华书店　　印制：北京鑫丰华彩印有限公司

开本：710 毫米 ×1000 毫米　1/32　　印张：6　　字数：110 千字

版次：2020 年 8 月第 1 版　　印次：2020 年 10 月第 3 次印刷

印数：15 001—25 000 册　　定价：42.00 元

前言

开启专属于我们自己的“英雄旅程”

亲爱的同学，你好：

你翻开这本书时，可能刚做完了功课，在读这本课外书做消遣；也可能是在享受睡前的阅读时光，恰好枕边放了这本书；或是在书店、在图书馆漫步，被书名吸引，所以抽出来翻看几页。

但不管怎样，你的内心里都有一点“小冲动”，想要从阅读中，找一些和平常“不太一样”的东西。

这是一种很微小的感觉，可能小到你都没有注意到，但可不要小瞧它，正是因为它，我们的生活才有了别样的意义。

我们人类能从衣食住行里挪开眼光，去探索星空大海，去钻研细胞微尘，去挖掘我们内心世界的奥秘，都是从这一点点的

“冲动”开始的。

这一点，可以称之为我们的内驱力，也可以叫作生命力的绽放。

它使我们从出生那天起，就不断地探索、发现、成长；不断地以爸妈为原点，对外拓展自己的活动半径，从小时候的街道，到附近的幼儿园，几公里之外的中学，再到几百公里之外的大学……

直到在离家很远的城市落脚，有了自己一生的朋友、伴侣，也有了属于自己的“英雄旅程”。

但这个过程，未必会一帆风顺。一个人会遇到家庭的羁绊，也有成长路上的风雨，还有一路从幼稚到成熟的磕磕绊绊……

关键是，没有人能替你完成这个过程，只有你自己。

我在哈佛大学读的是人类发展心理学，从心理学的普遍视角看，人的成长就是这样子。

在孩童时代，我们完全依附父母亲；随着青春期的到来，我们逐渐有了独立的冲动，想要挣脱旧环境，发出新声音，我们开始寻找自己，探索边界，开始有一些“脱序”行为，大人们称之为“叛逆”。

在这个过程中，父母亲友能给的，是目送的眼光，你会经历观念的碰撞和理性与感性的纠缠，而你要开始认识自己，学会管理自己，并要结合自己的特质，形成对“自我”的认知，定义出自己的独特价值，开始成人意义上的“长大”。

不过，真的不容易哟！纸上说来轻松，有时却要耗尽一生。

我自己也是一样，在青春的迷茫期，满目望去都是人生的问号，于是，钻进图书馆啃书，旅行做背包客，去北极，去东南亚，去体验不同的风景人情，来寻找那个答案，还把这段经历写成一本书《寻找自己》。

好在我的父母比较宽容，对于我的“不羁之举”视作年轻人长大的必由之路，于是耐心等我“暴风雨”之后的彩虹。

于是今天，我有机会来写这样一本书，从心理成长的角度，和你聊聊关于“长大”的一些事。

在我看来，长大成人，不只是从家庭的世界开始进入另一个更大的世界，还要从对家庭的归属感中，逐渐寻找到属于你自己的归属感，那可能是一个团体、一种信念、一套原则，也可能是一种价值观。

在这个过程中，你要找到真正的自己，了解自己的个性，找到自己的内驱力，学会与情绪共处，也要学会好好利用时间，能够用同理心待人……

你会完成自身的很多转变，把你的性格、能力、需求、价值观等特质形成一套专属于你的框架，用心理学术语来说，叫建立

“自我的统一性”。

由此，伴随你的“英雄之旅”的，是一个人心智的逐渐成熟。

很有幸，我能运用在哈佛学到的知识和我自己的人生经验，为你讲一讲心理学和我们的成长。

我会分享心理学对于记忆、专注力和好习惯的研究，也会谈到人际关系的议题，包括如何交朋友、如何和父母相处、情绪管理，还会从人类发展心理学的角度，和你聊聊青春期风暴会带来什么样的心理变化，以及同理心和正面情绪的重要性。

这里面有一些概念，也有不少知识，还有一些互动问题，希望你在读完这本书后，对自己有更多的了解，对他人有更多的理解。

希望这段阅读旅程，让你既看到星辰大海，也看到内心繁花。

与你同行在成长道路上的朋友

刘轩

目录

第一部分

了解
与众不同的你

第一章

你的个性你做主

你可能听过一个成语“知彼知己，百战不殆”。此语出自《孙子兵法》，意思是，在打仗的时候，如果你能了解敌人的虚实，又了解自己的优势、劣势，那就能百战百胜。

这句话非常合理。试想，如果你了解敌人，就等于能抢先一步知道他们要做什么，当然就能提前防备敌人的攻击。而且，你还需要了解自己的军队，知道他们还有没有体力作战，他们擅长什么，不擅长什么，这样你才能知道怎样打赢这一仗。那你要怎么了解别人？你又要怎样了解自己呢？

双胞胎个性大不同

有一对双胞胎兄弟，长得几乎一模一样，但习性却不同。哥哥小杰每天早上都慢吞吞的，不但起床慢，还爱做白日梦，有时候刷牙刷到一半就神游了，盯着水槽发呆。弟弟小佑则完全相反，说什么时候起床就什么时候起床，动作很快，而且做事很专心。

不过，小佑不喜欢任何改变，恨不得每天早餐都吃一样的食物，对新的事物也比较排斥，跟人相处起来也很慢热。反而是小杰，对于新事物的接受能力特别强，不管给他什么新食物，他都吃得津津有味。

人有高有矮，有胖有瘦，有长头发，有短头发，有宽鼻子，有窄鼻子，这些都是一个人外在的特点。而一个人内在的特点，包括行为、习惯及喜欢或不喜欢什么等这些特点，我们则称为“个性”。

每个人都有自己的个性。你的爸爸妈妈就有很不同的个性，对不对？

你会怎么形容你同班同学的个性差异呢？例如某某人爱哭，某某人爱搞笑，某某人总会出怪点子，某某人不太爱跟别人讲话……这些也都属于每个人的个性。我们的个性，就像是我们的指纹一样，每个人都是个独一无二的。

这就是为什么与人相处时是那么有趣，同时也是那么困难。因为每个人的个性不同，就可能会有不同的意见，从而产生分歧。

那么怎么去了解自己的个性和他人的个性呢？

通过星座了解人的性格靠谱吗?

你知道星座吗？你用星座猜测过人的性格吗？你觉得用星座了解别人准不准？

在上千年前，甚至几百年以前，没有现在我们常用的科学仪器和科学研究方法的时候，我们的老祖先就开始通过观察身边的环境，例如季节变化、太阳、月亮、气候等，来试图理解人与人之间为什么会有差别。

他们可能观察到，夏天出生的孩子好像比较好动，而冬天出生的孩子比较安静，于是他们就会说："他是冬天人，他是夏天人。"后来人们通过观察天上星星的位置来理解人与人之间的差别，于是就有了星相学。

现在你可能听到身边人聊天的时候会问彼此："你是什么星座的？"

刘轩老师是九月底出生的，属于天秤座。

天秤座的人有几个特点：爱漂亮，喜欢艺术，有时还拿不定主意。

这是真的吗？我的确有时候会犹豫不决，但有些时候也很果断，比我身边一些其他星座的人做决定快多了。只不过每次我拿不定主意的时候，这些朋友就会笑我说："哈哈，典型的天秤座！"

其实，每个人都会有很容易做决定跟不容易做决定的时候，光凭你是九月底出生，就断定你会拿不定主意，这就未免一竿子打翻一船人了，是吧？

星相学是古人对于个性分类的一种解读方法。不过后来心理学家用科学的方法来解读的时候，星相学就显得不那么合理了。光是因为你在某年某月某日出生，你就一定会有某种个性吗？未必。像几个宝宝可能同一天在同一个医院出生，而且还在同一个地点长大，后来却发展出很不同的个性，命运也不相同。

所以虽然我们很爱把人按照星座、血型、名字的笔画等方式来分类，对他们的个性进行解读，但那也只能作为参考而已。要真正了解一个人，我们还需要通过观察和交往才能得知。

测测你属于哪类性格

你可能会问："每个人都不一样，到底有几种不同的个性呢？"

嗯，好问题！我的答案是："不太确定。"

什么？！怎么那么好的问题却有那么糟的答案？

这是因为，分辨实在很困难。

一个人的外表容易分辨，但是他心里的想法真的很难看出来！

不同的心理学家有不同的理论和分类法。有人分四种，有人分九种，有人分十六种，每个人都有自己的想法，也都很有道理。

没有人绝对是对的，也没有人绝对是错的。

心理学里有很多方面都是这样，没有绝对的对与错。这个观念，刘轩老师先说在前面。心理学是一个不断在改进、不断在修正自己的学问，所以你不能听到某某心理大师一百年前说的话，就认为是正确的。

不过按照现在的心理学研究，目前最常用的分类法叫“大五人格模型”，听这个名字就知道有五个项目。每一个项目都是一条线。你把它想成身高，线的一头有最高的人，线的另一头有最矮的人，那我们其他人呢？就处在这条线的某一处中间地带，所以它绝对不是一个“非黑即白”的分类法。

那是哪五种呢？接下来，我会问你五个问题，你可以记录下你的答案。

第一题：你很喜欢尝试新的东西，喜欢新的体验？还是你喜欢自己已经熟悉的东西？

给自己从一到十打个分数：一是绝对不喜欢新的体验，十是绝对喜欢新的体验。你给自己的分数，很可能就是在一到十之间的某一个数字。这个象征的，就是你个性中的开放性。

第二题：当朋友来找你玩，但是你有功课还没做完，你会想要先把该做的事情做完再玩，还是先玩再说？

给自己从一到十打个分数：一是不管那么多，只要有玩的，绝对先玩再说；十是无论如何一定会把该做的事情做完，不是因为怕被处罚，而是因为你如果不做完，心里会很不舒服。这个象征的，就是你个性中的责任性。

第三题：当你有一天的自由时间，你可以完全自己选择要做什么，你会选择待在家里，做一些比较安静的事情，还是跑出去找朋友，去越热闹越好的地方？

从一到十，给自己打个分数：一是每一次都绝对会想要待在家，十是每一次都绝对会想要往外跑。这个象征的，就是你个性中的外向/内向性。

第四题：你很喜欢帮助别人吗？还是你觉得自己好就够了？假如你的同学请你帮忙教他一个他不会的数学题，你会帮他，还是叫他自己想办法？

从一到十，给自己打个分数：一是绝对不喜欢帮别人，十是绝对想要帮别人。这个象征的，就是你个性中的亲和性。

第五题：你会不会突然莫名其妙地心情不好？或者说，你平时情绪都非常稳定？

从一到十，给自己打个分数：一是一天到晚都在担心有不好的事情发生，或常常心情不好，十是情绪很稳定。这个象征的，就是你个性中的情绪稳定性（又称神经质）。

好，现在看看自己的分数。

这五题，分别会有一个分数，我们不用把它们都加起来。

那是分数越高越好吗？还是越低越好呢？

这也没有一个绝对的好与坏。有些个性特质，比如“责任性”跟“情绪稳定性”，好像是分数越高越好。但又有些特质，比如“外向/内向”或是“开放性”，太高太低都不好。太外向、太开放不好，太内向、太拘谨也不好，还是在中间的地带最合适。

我必须补充一下：真正的“大五人格测验”有两百四十多道题，需要半个小时才能做完，我在这里只是给你介绍了最简易的版本，让你来了解这五种个性的大类别是什么，所以不要光凭一个问题，就断定自己是个不负责任的人，或者因此判断自己是外向还是内向的人。

天生的你：接纳自己的与众不同

那你可能会好奇：一个人的个性，是怎么来的呢？

好问题！自古以来，有两派人一直围绕这个问题争辩。

一派人认为，你绝大部分的个性是生下来就有的。他们相信一个人的个性有许多是遗传的，或者说你在妈妈的肚子里就受到了影响，甚至包括血型和生辰八字。这些人叫“先天派”。

另一派人认为，一个人生下来就像是一张白纸。在你出生之后，你上的学校、接受的教育、结交的朋友等因素才真正塑造了你的个性。这些人叫“后天派”。

那你比较相信先天派还是后天派呢？

经过他们多年的研究和辩论，我们现在知道：个性有百分之四十到六十的概率会受遗传的影响，但是遗传的部分能否显现出来，还是要看后天的环境。

打个比方，先天派和后天派就好比两个吵着要吃蛋糕的兄弟。你要切，我也要切，妈妈就说："一个人切蛋糕，另外一个人可以先选要哪一块。"

先天派，就是切蛋糕的人，决定一个人生下来的时候，会有什么样的个性特点，比如好动、爱刺激、适应性好……但是后天派就是选蛋糕的人：一个人的后天环境，可以让某些个性更明显，或是被削弱。

如果你是一个天生个性很活泼的孩子，但是你的父母要求非常严格，你不能玩耍，犯错就会被严厉惩罚，那长久下来，即便你天生个性活泼，也会因为环境而变得拘谨了。

心理学家一般认为，人格是具有稳定性的，就是说个性一旦形成，就几乎是我们始终如一的特质了。

大家一定听过"江山易改，本性难移"这句话吧？就是在说你的个性一旦形成，几乎就是你始终如一的特质了。

那个性什么时候形成呢？基本上是在十岁左右。

成长，就是接纳自己的与众不同。

后天的你：努力成为更好的自己

不过，人的个性并非一成不变，也是有可塑性的，可发展的。

也许你的个性本质会维持，但行为和能力还是有可塑性的。一个害羞的人可能会变得很勇敢，能站上讲台演说，甚至成为知名的演说家。他的个性可能是内向的，成为演说家之后还是内向的，但却不会因此而害羞，不会因为内向而不敢上台。换句话来说，他虽然有内向的人的个性，但却克服了内向的人的限制，他战胜了自己个性的缺陷，保持了优点。

美国总统林肯就是个很好的例子。

林肯早年生活非常坎坷，过得很苦闷，使得他性格腼腆，不善言辞，但是他积极面对自己苦难的命运，努力改变自己。后来，他不仅性格非常开朗，而且很幽默，很会说笑话，历史上流传下来很多关于他的幽默故事。美国人甚至说，林肯的幽默使得整个美利坚都变得乐观积极了。

因此，个性是天生的，也是后天塑成的。你的个性可以一辈子都不变，也可以通过你的努力而大有改变。我们先天的个性、素质只是奠定了基础，人的一生很长，你的人生也刚开始。

所以如果你未来想要成为怎样的人，那就努力去成为那样的人吧！无须为自己定性，只管向着最喜欢的样子努力！

我相信，无论你天生是什么个性，只要了解自己的特性，通过有意识的行为去芜存菁，你就一定能成为最好的自己。

第二章

成为自己情绪的主人

同学，你看过恐怖片吗？你有没有想过，人为什么要看恐怖片呢？这似乎是一件很无聊的事情。好好的没事，把灯光调暗，放一部恐怖片来吓唬自己，晚上不敢上厕所，第二天还跟别人炫耀："那部片子真好看！"你说，是不是很无聊？

心理学家发现，有时候，人们会刻意给自己制造一点儿害怕或其他不好的情绪，但其实这也是有用处的。接下来，我会跟你解释这看起来特别无聊，却又使我们人类特别可爱的一点。

这一章的主题，就是情绪。

我们天天在生活中会感受到的喜怒哀乐，都叫情绪。

你有没有想过，上一次你觉得很高兴是什么时候？你还记得你为什么高兴吗？你还记得发生了什么事吗？

刘轩老师上一次很开心，就是跟我的好朋友们聚餐的时候。我们去了一家菜品很好吃的餐厅，一边吃饭一边聊天。这一群人都是我的老朋友，大家聊得很热闹，常常哈哈大笑。一顿饭下来，肚子饱了，也很开心，那实在是很欢乐的时光。

你呢，跟朋友一起玩的时候也很开心吧？

但是，应该也有一些时候你跟朋友玩，却不开心吧？如果你跟朋友打球，但是对方打球不守规矩，甚至作弊，你觉得不公平，他还不认错，这时你会产生什么情绪呢？

原本的喜，说不定就转成怒，而且也许你就因为这样，再也不跟他打球，甚至不跟他来往了。你某天一个人在球场回想起来，也许还会觉得哀伤，毕竟失去一个朋友是挺伤心的。

如此说来，情绪是什么？就是当一件事情发生时，我们心里会有的感觉。

那么有两个问题，可能是你想知道的：

一、我们为什么会有情绪？或者说，情绪对我们有什么用？

二、我们是否能够控制自己的情绪，甚至控制别人的情绪？

情绪是一种生存技能

我们先来看第一个问题：我们为什么会有情绪？情绪有

什么用？

要了解这一点，我们先来看看小动物吧。

你见过快乐的小狗吗？它跑来跑去，尾巴摇来摇去，说不定还情不自禁往你身上扑，舔你的脸。那你见过悲伤的小狗吗？看起来就很可怜的样子。所以我们知道，动物也有情绪，或许不像我们的情绪那么多元，也还是有。

那昆虫呢，你觉得昆虫有情绪吗？这就很难说了，因为它们没有表情，你看不出它们是在想什么。但是如果你今天在厨房里看到一只蟑螂，你要去打它，这只蟑螂一感觉到你过来，会咻一下逃走。它可能心里在想：唉，这个大怪物拿着拖鞋向我奔来，满脸杀气，一定不怀好意！

其实不会，蟑螂的脑袋没我们的那么发达，它对事情的反应很简单——感觉到危险，先闪为妙。

我们人也是一样，感觉到危险、可怕的东西，也会想要逃跑。

所以进化心理学家（也就是运用进化论来理解人类心理的学者）就认为情绪其实是一步步进化出来的功能。最初，在低等动物阶段，它就是一种基本的生存反应——碰到危险就逃，碰到食物就吃。然后当动物变得越来越复杂，这些反应也就变得越来越复杂。

情绪，帮助我们生存，它让我们能够快速决定接下来该怎么做，并且采取行动。

情绪还有另一种很重要的功能，让我用刚出生的宝宝来解释。

想象一个刚出生的宝宝，虽然他还不会说话，但你会发现他的表情特别丰富，喜怒哀乐全写在脸上。

他张大嘴巴一哭，妈妈赶紧过来问："宝宝怎么了？"如果饿了，妈妈赶紧喂他。如果想睡觉了，妈妈会抱抱他，让他入睡。不然，就是宝宝要拉屉屉了，不舒服，他会整个脸绷紧用力，大人赶紧跑过来看究竟怎么了——哎呀，原来满屁股大便。

当宝宝吃饱了，睡够了，妈妈抱着他，这时候小宝宝也许会赐你一个笑容。宝宝的笑容，对大人简直像吸引魔法："多可爱啊！来，宝宝，让我抱抱！"

宝宝饿了会哭，不舒服会怒，而且表现得非常明显，这些都是人的本能，也是我们生存的方法。你想想，如果一个婴儿不会哭，不会闹，不舒服的时候不会表达，那岂不是很危险？搞不好自己都快饿死了，大人都还不知情呢！

所以，我们不但会有情绪，这些情绪还会形成表情。

表情有什么用呢？

表情，让我们能够把情绪展现出来，让其他人知道该怎样与我们互动。

想象一下，如果你是一个住在丛林里的原住民，有一天，你看到一个完全不认识的人从树丛里走出来，你是保护你部落的战士，这时候你脸上的表情会是什么样的？应该会很凶吧？然后愤怒地警告对方：“你再过来，我会对你不客气的！”

反之，如果你看到的是你认识的人，你会对他笑，对不对？那你的表情传出的信号就是：“我很高兴看到你，你可以靠近我！”

所以有人说：“笑容，就是人的磁铁。”如果你想要人接近你，最好的方法就是对他微笑，因为我们都喜欢跟开心的人在一起。

有趣的表情游戏

下面，我们来做一个表情游戏。

请你面对镜子，让自己可以看到自己。想象你见到了好朋友，你心里会有什么感觉，然后做出那个表情。

接下来，想象你的好朋友死了，你心里是什么感觉，你脸上会是什么表情？

再接下来，想象你即将跟别人打架。

最后，想象你在马路上踩到了一坨很臭的大便。

怎么样，每个表情都很不同吧？

有一位美国心理学家保罗·艾克曼，曾经跑到巴布亚新几内亚的深山里面，找到那里最原始的原住民，然后也问他们我刚才问你的那些问题。在巴布亚新几内亚的深山里，这些原住民从没看过电视，没有接触过其他文化，他们是否还是会有一样的情绪和表情呢？他就发现，这些原住民的表情，也跟你我几乎一模一样。

这有什么了不起的呢？为什么跑到那么偏僻的地方，去问这么莫名其妙的问题呢？因为他想要知道，人的情绪和表情，是不是无论在世界的什么地方，都是一样的。

这位心理学家还去了全球其他很多地方问了各种不同的人，从城市里的上班族到草原上的牛仔，从阿拉伯王子到欧洲街上的乞丐，搜集了各种不同的表情之后，他进行了整理和归类，最后归纳出了一套“全球人类通用的表情”，这些表情也反映出不同的情绪，一共有七种，它们是：

愤怒、恐惧、惊讶、恶心、悲伤、鄙视、快乐。

你可以把它想成彩虹的七种颜色：红、橙、黄、绿、蓝、靛、紫，无论你在世界哪个角落，看到的彩虹都会有这七种颜色，不管在世界哪个角落的人都会有这七种情绪，而且对于这七种情绪，表现出来的表情也都会一样。

如同混合基本色，可以调出更多不同的颜色，我们有一些比较复杂的情绪，也可以从这些最基本的情绪组合中调配出来。

情绪，是一种本能。我们知道人类有七种基本情绪，还有相关表情，都是我们人类的本能。情绪的用途，有对内的和对外的。对内而言，情绪让我们知道该如何对事情做出反应，应对自己喜欢或不喜欢某些事。对外而言，情绪让别人知道该如何与我们相处，例如见到我们愤怒的表情就知道要离我们远一点儿，见到笑容就可以靠近，等等。

我们的情绪有办法控制吗?

如果你可以克服恐惧，就会变成一个很有勇气的人；如果你可以克服悲伤，想要快乐就可以快乐，那多好啊！

那么，情绪真的可以被随意控制吗？我们先来看看表情。

你能控制自己的表情吗？显然是可以的。现在我要你做出四种不同的表情，你也能做得到。演员受过训练，可以做出各种不同的表情，而且还真到让你会相信他们的表演。

但是情绪本身可以被控制吗？这个答案，就比较复杂了。

首先，我们需要问自己：“控制了情绪，有什么好处？”

当我们获得喜欢的东西，我们会快乐。

当我们失去喜欢的东西，我们会悲伤。

当我们被欺负或者被误会了，我们会生气。

想象如果你被欺负了反而还开心，那不是自虐吗？

如果你获得了喜欢的东西，但却没有感到快乐，那生活不是很乏味吗？

那在什么时候，我们如果能够控制自己的情绪反应，会对我们比较好呢？你能够想出一两个例子吗？

有一种情况，如果你很容易情绪反应过大，例如有些人很难控制自己的愤怒，只要有人激怒他，他就会像绿巨人一样失控，四处骂人或打人，甚至做出一些破坏性的行为，可能会对别人或自己造成伤害，这种人就需要学会控制自己的情绪。

还有，如果你的情绪让你无法正常生活，例如有些人害怕到高的地方，虽然他们很安全，但只要他们往下看，就会充满恐惧，浑身不舒服，这种现象叫恐高症。有些人非常害怕待在比较狭小的空间里，甚至不敢坐电梯，这叫密闭恐惧症。有些人害怕坐飞机，于是他们就很难跟人一起旅行。有些人怕面对陌生人，我们其实多多少少都会有点怕生，但这种人会怕生到不敢踏出家门，他们宁可一辈子待在家里，也不要去面对外面的世界。你看，这样的情绪，是不是很可怕？

想要改变自己的情绪有很多种方法，心理学家也研究出很多不同的技巧和练习，比如听音乐、静坐深呼吸、接触大自然，都是简单易做且可以改善我们情绪的方法。

我们要知道，情绪跟我们的身体状态也有关系。你有没有发现，当你累的时候，自己的脾气会比较不好，比较容易发怒？我们肚子饿的时候也会容易情绪不好？其实人都是这样，大人也是。所以要控制自己的情绪，最好先休息够了，吃饱了，大人小孩都一样。

负面情绪可以转化

想象一下，你走到一个你从来没有去过的房子，门打开后黑黑的，还有一阵冷风吹来，你看不见前面是什么，你敢走进去吗？你有没有办法形容心里的感觉？

如果你说害怕，那我要告诉你我也是，今天是我要走进黑黑的房子的话，我也会害怕，而害怕就是一种情绪。

现在想象你真的走进去了，你虽然很害怕，但刚进去，突然灯一亮，你发现：哇！Surprise（惊喜）！你最好的朋友们竟然全都在房间里，给你办了一个惊喜生日派对，这时你原本害怕的感觉，是不是就转为一种兴奋的感觉呢？

你还有什么时候会有这种感觉？

我想到一个：坐过山车！

我第一次坐过山车的时候超级害怕。我的手一直冒汗，我感觉我的心都快要从嘴巴里跳出来了，紧张到牙齿发抖。当车子慢慢地爬上高点，准备要冲下来之前，我觉得自己吓得快要窒息了。

然后车子从最上面冲下来，“哇——”所有的人都在尖叫。

最后坐完的时候，我的心跳还是很快，浑身是汗，但这个时候，我们回到出发点，车子停下来了，我知道自己是安全的。这时候，那原本恐惧的感觉，反而变成了一种兴奋的快感。“太好玩了！再来一次！”

你会不会觉得很奇怪？上一分钟还吓得哭哭啼啼，下一分钟就想再来一次？人们为什么那么喜欢给自己找罪受啊？刻意吓自己，坐在小车子里高速翻转，搞得自己头昏脑涨的，然后还开心？

这其实就是“重新认识自己的情绪”。

这也解释了为什么有些人爱看恐怖片。因为你知道，无论你看的时候多害怕，电影总会结束，你其实是安全的。

如果我们简单看负面情绪，比如恐惧，它是告诉我们要避免一个事情。但如果我们能换个角度看，也许那种恐惧只是告诉我们“你离开了平常的舒适圈”。它其实是我们面对挑战、遇见困难的时候，一定会感受到的反应。这时候如果我们只会回避它，那我们可能就一辈子无法克服那个挑战。但如果我们能够感受那个恐惧，还能勇敢突破，战胜这个恐惧，我们反而会得到另一种快乐。

刘轩老师认识一个小孩，以前很怕生，很怕在别人面前表演，上台之前都会哭。但是他的爸爸妈妈陪他练习，给他鼓励，帮助他做了充足的准备，有一天他上台演出，竟然得了奖！

得奖让这个小孩很快乐。之后，他通过一次又一次的上台，让自己一次又一次战胜了恐惧。现在，虽然每次上台之前还是会紧张，但他已经学会重新认识自己的情绪了。

现在他就可以告诉自己："我这种情绪不是紧张，而是充满期待！"

这个小孩是谁呢？就是刘轩老师我。

也许你也认识一个这样的小孩，他会害怕，也会因为害怕而不敢，但同时也希望自己能不害怕，也知道说不定突破之后，还能更开心。也许，你就像是一个还不敢坐过山车的人，还没有感受到体验之后的开心感觉。

给自己一些挑战，我们都能学会与自己的情绪交朋友。

愿你能够在生活里有很多好情绪，也能找到方法把坏情绪变成有用的动力。

第三章

找到你最喜欢做的事

假如期末考试前，妈妈对你说："孩子，如果这次考试你都得一百分，妈妈就奖励你一百块钱！"听了这个许诺，你会不会觉得自己更有好好学习的动力？

接着妈妈又说："下次要是考不好，你还得把这一百块钱还给我。"你是觉得自己更有斗志了，还是有点泄气？

又假如你这次考试没考好，没得到这一百块钱，下次复习准备考试的时候，你还会更加努力地去学习吗？是为了考出更好的成绩，还是为了这一百块钱？

这一章，我们谈谈动机。

你为什么会喜欢做一件事？

动机是什么？就是一个人为什么要去做一件事的心理原因。

比如"我想要吃东西"，为什么呢？"因为我肚子饿"。肚子饿，就是你找东西吃的动机。

心理学家对动机特别感兴趣。他们想了解，人究竟有多少种不同的动机，哪些是最厉害的动机，也想知道人在什么时候会特别重视什么动机。而且，心理学家还想知道，人类可以怎样用这些动机来帮助自己变得更好。

其实不只心理学家对动机研究感兴趣，学校老师、公司老板、家长都想要了解动机，因为了解了一个人的动机，你就知道怎样来促使他做你要他做的事情。

老师——希望学生有动机努力念书。

老板——希望职员有动机努力工作。

父母——希望孩子有动机当个好孩子。

而且，对于个人来说，如果能够掌握自己的动机，克服惰性，自动自发，奋力向上，成为一个成功的人，有一个快乐、富足、自由的人生，这不是很棒吗？

所以，了解动机实在太重要了！

奖励与惩罚对你总是有用吗？

我们回到一开始的那个问题，考好了，奖励一百块钱；考不好，一百块钱要被收回（八成还会被批评一顿）。虽然可能你的妈妈不了解动机，但却无意中使用了两种不同的动机利用技巧——奖励与惩罚。

如果你达到目标，就有奖励。

如果你没达到目标，就有惩罚。

这是最传统的管理别人的技巧，心理学家称为“操控制约”。讲得直白一点，就叫“胡萝卜加棒子”。

> 农夫赶着一辆驴车，他拿根长长的竹竿，把一根胡萝卜悬吊在驴子面前。驴子想吃胡萝卜，就会往前走。农夫只要拿着竹竿坐在车上，驴子就会一直往前走了，是不是？
>
> 但是驴子走着走着累了，或是一直看着胡萝卜但没吃到，就不高兴，不走了。农夫就拿出棍子打驴子：你不走？你不走我就打你！这头可怜的驴子不想挨揍，于是就得继续走。

听起来很简单，是吧？但自古以来，很多人都把人当驴子来管理。他们认为，人就像驴子一样，动机很单纯：累了就要休息，饿了就要吃东西，渴了就要喝水。同时，人也跟驴子一样，会逃避痛苦。

所以你乖乖做我要你做的事情，我就满足你的需求，犒赏你。如果你不配合，我就拿走你需要的东西，或是给你制造痛苦，那你就会乖乖听话了。

那这个方法有没有效果呢？

当然有效了！奖励与惩罚几乎是最有效的方法。

但是，这个方法可以管一时，却管不了一世。

只要有一天，胡萝卜或是棒子没了，驴子的动力也就没了。或者，驴子有一天说："我受够了！我是人，我不是驴子！"这就是要反抗了。你要么得多给奖励，要么就得加重惩罚。但是，奖励跟惩罚都有个限度，超过了，就会伤人伤己。

此外，心理学研究也发现：有时候，一个人做一件事很起劲儿，原本不需要奖励，但你开始给他奖励，反而打消了他的动机，这叫"过度辩证效应"。

有时候，你提出惩罚的警告，反而让人更想要犯错，因为他觉得"反正大不了就罚嘛"。

为什么呢？因为人的动机不只是要奖励，怕惩罚，背后有更复杂的心理。

最能让你获得满足感的事情是什么？

心理学大师亚伯拉罕·马斯洛认为：人的动机，就是要满足自己的需求。

那么人有哪些需求呢？

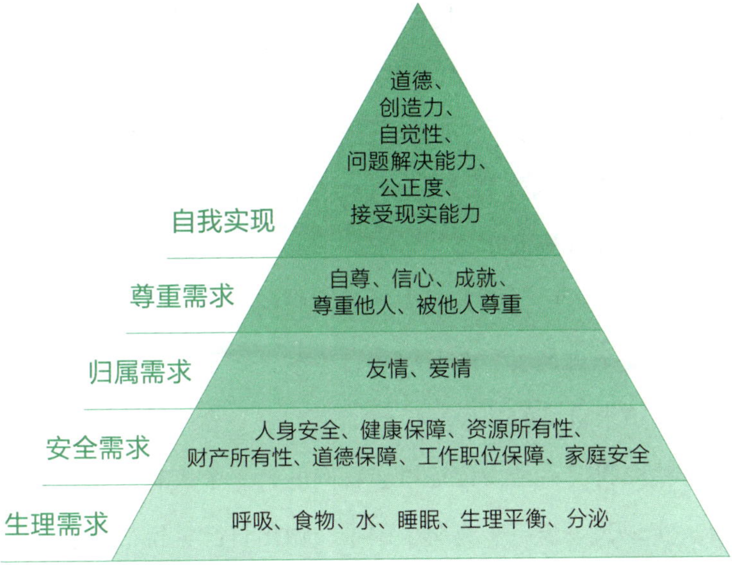

最底层，人的需求就跟动物差不多，需要食物、水和睡眠……这些都是“生理需求”。如果这些生理需求没得到满足，人也活不下去，所以这是最基础的需求。

往上一层，是“安全需求”。“住的地方安不安全？会不会有坏人闯入我们的家？走在路上的时候，会不会被攻击？”人们都希望自己的环境是安全的，这是第二层需求。

我们吃饱、睡好，也觉得安全了，就会开始在意身旁的人，希望他们给我们温暖，爱我们，我们也会想要有朋友，这就是第三层——归属感和爱的需求。

再上一层，身体满足了，情感也满足了，人们就会希望自己能得到别人的肯定。比如我们想当班级干部，希望老师同学相信我们的领导力，也希望爸爸妈妈把我们当大人看待。

这种希望别人肯定我们、让我们在社会上有地位的需求，叫“尊重需求”。

再往上一层，就来到人类最高尚的需求。我们的身体满足了，安全满足了，有归属感，也被人尊重了，最后我们开始想要追求自己的梦想。

就像我们在名人传记里会看到的，一个人有远大的梦想要去实现，一步一步克服了困难，做出自己觉得最有意义的事情，我们会说这个人“自我实现”了，而这种最高尚的需求，就叫“自我实现”。

马斯洛的需求层次理论，让我们了解到人的动机不只是要追求享乐、避免痛苦，我们还有更高尚的需求，比如尊重需求、自我实现需求。

就像小时候我们问父母亲：“你们为什么每天要上班？”他们会说：“因为工作才能赚钱啊，赚钱才能养家，才能给你买食物，我们才有地方住啊！”

这是事实，但也还有其他的原因。也许他们每天努力工作，是想要升迁到更高的职位，受到更多人的尊重。也许，他们正在做一件伟大的事情，正在追求自己的梦想，完成自己的使命！

他们可能从来没有跟你说过，觉得你不会懂。但你现在知道了，下次爸爸妈妈下班回家的时候，你可以问他们："你今天自我实现了吗？"他们可能觉得很惊讶："这孩子看了谁的书啦?！"

无条件喜欢做一件事的理由

还记得在第一章时，刘轩老师跟你说"心理学是一个不断在改进、不断在修正自己的学问"吗？马斯洛需求理论就是个很好的例子。

很多人都觉得马斯洛需求理论很有道理，但是，这个理论能让你了解所有的人类动机吗？

不能！

举个很简单的例子：为什么人爱玩？

我相信，你从有记忆以来，就很爱玩吧？玩耍，满足了我们什么需求呢？能带来食物吗？能带来安全吗？能让我们有归属感，被尊重吗？好像都不能。

仔细想一下这个问题。你也可以跟你的父母一起讨论。

你可以先找出自己最感兴趣的一件事，可能是玩一种玩具、一种游戏，可能是打球、跳舞、做模型……你能说出你最大的兴趣是什么吗？你能解释为什么对它有兴趣吗？

不要只是说因为它好玩，也不要小看这个问题，因为这个问题的背后，就是动机心理学最重要的秘密。有趣的是，这个答案已经在你的心里。只要有一件事，不需要别人给你奖励，不是为了打发时间，不是为了逃避功课，你还是会想要做它，那你的心里已经有了这个东西。

这就是动机心理学里最高尚、最纯粹，大家最想要追求的东西——内在动机。内在动机，是完全存在于你内心的一种动力。

它跟外在动机不一样。外在动机是我们一般都了解的动机，例如，做好一件事，你会得到奖励，所以你去做。一件事如果做不好，你会受到惩罚，所以你努力去做好。做了这件事，会获得很多赞美，大家会觉得你很厉害，所以你去做。

这些都是外在动机，因为这些动机的来源不是我们自己，所以是“外在动机”。

但是有了内在动机，即便没有人在看你，即便没有奖励，没有惩罚，没有比赛，你还是会做。也许你喜欢拼拼图，因为你喜欢那种从凌乱逐渐到有序的感觉。也许你喜欢踢足球，因为你喜欢自由地在草地上奔跑，喜欢感觉到你的脚踢到球，球飞到你想要的地方。也许你喜欢画画，因为你喜欢把美的感受，透过色彩和线条，呈现在一张白纸上；你喜欢很专心的时候，好像世界上只有你一个人，时间都不存在的那种感觉。

这些感觉，不需要别人给你奖励，因为它本身就是奖励，而且你自己追求进步，不需要别人的肯定。这就是内在动机。

把学习设计成闯关游戏

每个人的内在动机都不太一样，但总的来说，如果你有内在动机，你会比较容易快乐；而且，如果你能把内在动机提炼出来，用在你的学业或是工作上，那么你会有了不起的成就。

绝对不要小看内在动机，它非常有力量！但是你要想办法让它帮助你，而不是让你沉迷。

假如你只爱打电子游戏，但是从来不做功课，那么打电子游戏对你生活的其他方面就完全没有帮助。但如果你能把研究电子游戏的精力放在功课上，那有什么功课难得倒你呢？

你可以问自己："我为什么爱打电子游戏？游戏好玩的地方在哪里？有没有办法把这种好玩的元素也带到功课上？"

你可以试着在课本上给自己设计一些关卡，看看一天能破几关。或者，你可以给自己设定一个时间挑战，看看能不能在有限的时间内写完一页。或者，你可以把最难的一篇课文当作要打的大魔王。

如果人们能够把电子游戏设计得那么好玩，为什么不能把学习和工作设计得好玩？为什么人生不能更好玩？对不对？

当然，话虽这么说，偏偏大部分事情都不好玩，而我们必须得做，不然考试就不及格了，就要挨骂，或者被学校开除。人生就是这样，充满了我们不想做，但又不得不做的事情。

所以我们还是需要奖励，需要惩罚，需要外在动机来促使我们继续进步，学会一技之长。有时候，还是"胡萝卜加棒子"最有效。

但是，更重要的是，我们要发现自己的内在动机。它不像外在动机那么明显，但它更加珍贵。当你的内在动机可以为你带来外在的成功，那你就更容易获得一个快乐、富足、自由的人生，这不是很棒吗？你知道这时候，马斯洛大师会怎么说吗？

他会说："你自我实现了！"

第二部分

长大不烦恼

第四章

与差心情好好相处

每个人都会有不开心的时候，有不开心的理由，而且每个人的理由都不一样。今天我们要讲的是：你沮丧和悲伤的时候，怎么办？

我们可以从下面每一位同学的案例学到一些东西，帮助我们处理自己下一次不开心的情绪。

你失望的时候，该做些什么？

首先，我们来看看同学小米为什么不开心。

小米参加了一个朗读比赛，她为此准备了很久，但初赛时就被淘汰了。她难过，因为她很失望。

失望，应该是我们成长过程中不开心最常见的原因了。

你能想到，自己上一次感到失望是为什么吗？

有时候，失望的结果跟我们自己有关系。比如，当我们考试考砸时，我们可能会心想：哎呀，我这个笨蛋，怎么会忘了复习这个呢！

有时候，失望的结果是我们没办法控制的。比如，你期待了很久的露营，却在当天因为突然下大雨而取消了。你很失望，但你没办法改变天气，对不对？

心理学家发现，当事情不如意的时候，我们觉得出错的原因是不是在自己会对我们的心情有很大的影响。

具体有什么影响呢？

当我们觉得出错的原因不在自己，我们虽然会失望，会生气，但不会沮丧太久。但如果我们觉得错出在自己身上的话，更容易沮丧，也比较容易跟自己过不去。

所以，你失望的时候，要先问问自己："这个错，是不是出于我呢？"

如果不是，那你就要尽快忘却失望的感觉。是的，失望就像任何情绪一样，是一种感觉，这种感觉即便不好受，也还是会过去的。

这时候，你可以做一些让自己开心的事情：听一些你喜欢的音乐，运动一下，泡个澡，玩一玩游戏，让自己不要去想那不开心的事情，逐渐让失望的心情平静下来。

平静之后，你倒是可以想想：下一次，我有没有办法让事情变得更顺利？

如果你觉得错出在自己，处理的方式就不一样了。

对付这种失望的感觉，我建议你拿出纸笔，先花几分钟时间，写下你觉得这次的错出在什么地方，并且下次你要怎样改进才会更好。这个“反省并写下计划”的行为是非常重要的，因为如果没有这个步骤，一个人会很容易反复卡在自己出错的地方，好像一直不断放映同一段影片，只会让你心情变得更糟。你需要做的，是面对下一次能够做出更好的计划。这个计划，就能帮助你化解失望的情绪。试试看，对你会有帮助的。

你的无助感从哪里来?

“我爸妈都说我这么笨，这辈子都不会有什么成就的！”蓝蓝伤心地说。

蓝蓝伤心的原因比较麻烦。她的问题在于她觉得无论如何，对她都没有帮助。

如果你的父母这么说你，你会不会很沮丧呢？当然会！而且更糟糕的是，如果身边的人都一直这么打压你，说你很笨、很懒、没出息等，久而久之，搞不好你自己都会开始相信他们，你的内心会觉得“是啊，我就是很笨，很懒，没出息”，你会觉得很无助。

无助的意思，就是“没有人、没有事情能够帮助你”。

在心理学上有一个名词叫“习得无助感”，也就是学习来的无助的感觉。这是一种很糟糕的负面情绪，因为如果你真的相信自己无助的话，那你就很难振作起来。

我要告诉你，如果你有习得无助感的话，你一定要改变！

你一定能够更好，即便你现在不相信。其实我们人是不断在成长改变的，就像你剪了头发，过一阵子头发又会变长。我们身体里的细胞本来就一直在更新自己，差不多每七年到十年，我们全身的细胞都会替换一次。所以这么看，每七年你几乎都可以说是一个全新的人了！那为什么你会觉得自己没办法改变呢？

如果你觉得很沮丧，很无助，无法改变的话，我的建议是：给自己设立一个小目标，每天让自己在某一个方面稍微进步一点儿。例如，你今天运动了十分钟，明天运动了十五分钟；或者你今天比昨天早起床了五分钟。

每天这些小小的进步，很容易被我们忽略，但它们其实都在告诉我们，我们是有办法进步的，而且改变是必然的。

所以我建议你拿个笔记本，每天写日记记录一下：与前一天比起来，今天的你在哪个方面稍有进步，哪怕只有一点点！持续一段时间之后，你会发现自己说不定已经很不一样了。虽然身边的人还没发现，虽然你还没达到一个很了不起的目标，但其实你已经在慢慢进步了。这会对你有很大帮助的。

照顾好身体是开心的根本

君君不开心的原因，是他身体不舒服，他有严重的偏头痛，而且已经持续很久了。想想，如果你的身体不好，这里痛，那里痛，常常生病要去医院，会不会影响你的心情呢？当然会啦！

刘轩老师曾经在一个照顾残障儿童的中心当过志愿者，那里的许多孩子行动不方便，身体有缺陷，一辈子都没办法正常上学工作，但我看到他们都很快乐，因为他们有同伴，也有能够理解他们、用爱和耐心照顾他们的人。因为这样的环境，有时候我觉得他们比正常孩子还快乐。

如果你的困扰是来自健康问题的话，那我建议你找一些同龄、有类似状况的孩子和他们的父母，建立一个互持会。如果网上找不到，通常医院也能介绍。

在这里，我也要提醒大家一个很重要的观念：我们的心理跟我们的生理是完全绑在一起的，你的身体好，也就容易心情好。如果你有点累，睡眠不够，或者饮食不均衡，吃了很多有刺激性的、多糖的食物，这些都会对你的心情产生负面影响，可能你觉得好像没什么关系，其实关系很大！

所以，如果你想拥有好心情的话，一个最基本的功课就是把自己的身体照顾好。睡眠要充足，饮食要均衡，你才会有好精神，也更容易有好心情。

安静度过心情低落期

模范生小明的功课好，老师喜欢他，父母支持他。他的家庭环境不错，连校长在走廊里见到他都还会特别跟他打招呼，但偏偏他也不开心。

他有什么不开心的？！连他自己都不知道为什么。他最近还会在朋友圈里面发一些“人活着究竟是为了什么？”这样的话。同学们也搞不懂他。而且，因为大家都觉得小明应该是快乐的，所以当他抱怨的时候，很多人都只会说：“你的生活那么好，你有什么好难过的？”

小明的问题是什么呢？他最大的问题，就是他看起来没有问题。这种“不知道为什么不快乐的不快乐”，就像是不知道哪里在痛的痛，实在很恼人，但有时候的确会发生，说不定有时候还会发生在我们自己身上。这时候该怎么办呢？

有一部皮克斯动画工作室出品的电影《头脑特工队》，不知道你有没有看过。如果没有的话，我强烈推荐你看这部电影。剧情我就不多说了，但在不剧透的前提下，我可以告诉你，这部电影想要教我们的，就是“接受我们自己的情绪”。

有时候，我们其实需要勇气承认自己很沮丧，我们也不要为了逃避自己的不开心，而去做一些假装开心的事情，或是不去面对问题。就像电影里所说的，“当每一种情绪都被自己接受的时候，真正的快乐就来了”。

所以，如果你觉得不开心，不需要责怪自己，你需要做的就是先接受自己内心的感觉，然后，你可以找一些愿意听你诉说的朋友倾诉。许多时候，光是有人愿意听我们说出心情，就已经会有很大的帮助了。

我们也可以参考其他人的方法：写下心情，不要怪自己，拟订一些计划，或是记录每天的进步。注意自己的睡眠和饮食，照顾好自己的身体。尝试不同的方法，你一定能找到对自己最有帮助的。

你要知道，我们的不开心可能有各种原因，但也有各种方法可以应对。学会接受自己的情绪，分辨自己的情绪，控制并改善自己的情绪，这种能力就叫EQ（情商）。

这可能不是你在学校里会学到的科目，不像数学、英文那样，但这却是我们一辈子最需要学习的能力。

第五章

长大后都有的烦恼

“长大以后”是一个很神奇的词，你从小就常听到它，例如大人会问：“你长大之后，想要当什么啊？”大人也常会用这句话来回答你：“这个问题啊……你长大之后，就会知道啦！”

不过，长大是什么意思呢？你会在十八岁生日那天突然醒悟，觉得自己长大了吗？不会。

其实，在我们出生之前，成长就开始了；等我们出生后，最明显的成长标志是我们一直在长高。而且，即便我们不再长高，身体还是会继续改变，我们的心灵也会随着年龄成长，一直到老。

心灵在一生中会发生哪些变化呢？心理学有个研究领域叫发展心理学（Developmental Psychology），研究的就是人的内心的成长。发展心理学家不仅想知道发生了什么，更想知道为什么发生这些变化。

在这一章里，我将带你通过发展心理学的研究，来看看青春期。

如果你还没有进入青春期，希望这一章能帮你做个心理准备，了解接下来你将会有的一些改变。

如果你正处于青春期，或已经过了青春期，希望这一章能让你更加理解自己，将青春期的能量化为成长的力量。

长大意味着什么？

每个人的青春期都会发生很多变化，通常分为三种。

第一种，身体的变化。

男生通常十一岁开始进入青春期，女生一般比男生早一两年。青春期，我们的身体会快速长高。男生的肌肉会变粗壮，声音变低沉；女生的胸部开始发育，开始有月经。令人困扰的是，往往这时候也会开始长青春痘！但都属于青春期的正常身体变化。

我们的身体内部也会有很多变化。生长激素等会让我们的生理时钟开始变动，我们可能会开始变成夜猫子，到了夜晚精神很好，早上却起不来。

快速的身体成长也让我们胃口大开，但有些人会嫌自己太胖，原本不在意自己体重的人也会突然开始减肥。

第二种，心理的改变。

青春期最常见的一些变化有：生理时钟延后，情绪起伏变大，更敏感，更容易受伤。

青少年时常有一种很矛盾的心态，一方面很想被人注意到，希望得到肯定，但同时又怕成为焦点。好像想要出风头，但又怕出风头。

还有一点，也是许多父母特别担心的——青春期的我们开始对谈恋爱充满好奇和渴望。这股激素促进的原始力量，把青少年一步步往外推，推向外面的社会，推向外面的朋友圈，也推出家庭原本的怀抱。这时，青少年与父母的沟通和交谈也会相对减少。

父母看到这些变化往往很着急，但又束手无策，只觉得孩子变得古怪又难相处。处于青春期的孩子，也因不知道如何处理自己的情绪，如何处理身体里的这些新能量而变得烦躁。

第三种，环境的变化。现在，通过对脑神经的研究，我们知道为什么会这样：因为青春期的大脑真的跟小时候很不一样！

例如，在额头后面，大脑有个区块——内侧前额叶皮质，它在青春期会变得特别活跃。这个部位的发育，会使我们更在意别人的想法，变得更自觉，也更自我。大脑其他几个部位的发育，让我们更愿意冒险，去寻求刺激。

但是，能够考虑后果、控制情绪的眶额皮层却要到二十五岁左右才会成熟，所以也就难怪青春期的我们更爱追求刺激，也更容易受到身边朋友的影响，比较难抵抗诱惑或拒绝别人的怂恿。

你可能会感叹："天哪！听起来好麻烦啊！人必须要经过这个阶段吗？"

是的，这是长大成人必备的一部分，而且是一生的里程碑。

身处青春期，我们的身体和脑袋里好像刮着一场又一场小风暴。风暴过后，你会发现自己心思更成熟了，体格更强壮了，而且有了很多以前未曾有的想法。

但在风暴中的你，有哪些可以做呢？我的建议是，不要跟这股青春的能量作对，而要想办法了解它，接纳它，让它成为我们的一部分。

澳大利亚的原住民部落中有一种叫"成年礼"的仪式，专门帮助部落的少年度过青春期。

他们会让年轻人去沙漠里流浪好几个月，或者把年轻人放到森林里好几天，叫他自己去打猎。当年轻人回来的时候，部落长老会举办一个仪式，欢迎他们加入成年人的群体，这时候他们就不再是孩子，而是有权利和责任的成年人。

请问问自己：你愿意接受这样一个成年礼吗？你愿意参加一个危险的挑战，直面自己的恐惧，证明自己不再是孩子，然后回来让家人给你举办一个隆重的仪式，欢迎你正式长大了吗？

青春期的生理和心理改变，如果按照自然的发展规律，我们会想要改变自己的环境，建立自己的家庭，所以原住民部落才会设计出成年礼的仪式。这是青春期的第三种改变，也就是环境的改变。

将能量风暴化为成长的力量

与原住民部落的少年跑到沙漠里体验极限生存一样，现代的很多生活方式对我们青少年也是一个特别难熬的过程。对大多数人而言，青春期的环境改变就是学校跟班级的改变。课业会越来越重，升学的压力会越来越大。当我们最需要睡眠的时候，往往也是需要抓紧学习而睡得最少的时候。当我们想展现自己的个性和能力的时候，也往往是学校里同化压力最强的时候。

在这个过程中，我们能做些什么呢？

有两个建议：化解压力，引导能量。

首先，要了解青春期我们的身体和大脑正在发生什么样的变化，掌握相关知识，让自己做好心理准备。

第二，我们要照顾好自己的身体。睡眠一定要充足，饮食一定要均衡，因为青春期最需要良好的生活习惯。我们也要多多运动，一是让身体更强壮，更协调，二是因为运动可以疏解压力，释放身体里的青春能量。

我们也需要找一些有助于自己成长的朋友。青春期的大脑对朋友的意见特别敏感，也特别容易受朋友影响。所以，你要交的朋友，应该是可以让你变得更好的，而不是带你做坏事的。青春期的能量，在坏朋友之间，可能变成伤人伤己的叛逆行为，但在好朋友之间，说不定会激发一种新的创意。

青春期的我们会不断寻求归属感，这个阶段最容易形成小团体、小圈子，排斥其他人。所以，学会尊重别人，也是青春期很重要的功课。

另外，寻找一位你尊敬的师长，或者找一位比自己年龄大一点儿、能理解青春期但已经成年的学长学姐，与他们多多交流，也会对你很有帮助。

最后，我建议你着重发展某一方面的能力，并从那里获得自信。

一位名叫爱利克·埃里克森的心理学家曾表示，青少年时期，最需要建立两种自信：一种叫勤奋，就是我相信自己是一个有能力、可以勤奋起来的人；另外一种自信叫角色统合，简单来说，就是我知道我是谁。

埃里克森表示，如果父母能让孩子去探索，让他们找到自己，他们的角色就能够统合。但是，如果父母持续向他们施压，只为了让他们符合父母的期望，青少年则会面临角色的混乱。

所以，如果你已经进入青春期，除了学习，在其他方面都比较迷茫，父母的管教也常常给你很大的压力，让你很不爽，那么你可以去发展自己在某方面的长处，比如舞蹈、下棋、编程、写作、踢足球或者跑步等，把自己的精力投入某个你感兴趣的领域，然后在那方面取得成绩和进步，这会让你更加自信，也会让你的自我感更强，活得更加踏实。

我也曾经有过这么一段时期，还曾经为了寻找自己而背着背包旅行，从北极到赤道，后来写了几本书：《寻找自己》《WHY NOT? 给自己一点自由》。这些经验在我成长的过程中帮助很大，一直到现在都有影响。

希望这一章的知识，能让你更了解青春期的心理，希望你知道这是一个必须经历但也会很有收获的过程。祝福你！

第六章

快乐怎么获取

“人生的意义是什么？”相信你一定思考过这个问题，而且没有找到答案。

这个问题是如此重要，又如此巨大，甚至有时候我们会感觉它很“虚”。如果你去问大人这个问题，十有八九会被搪塞回来——即使他们年轻时也苦苦思考过。

其实，它和我们每天的生活都息息相关，甚至影响到你今天出门是要去图书馆还是去电影院。只是有时候想得久了，觉得很难找到答案，就忘记了它。

我们不如换个角度问：“人为什么活着？为什么每天要做这么多事情呢？”

我先给你一个答案：“是为了快乐。”

你一定也问过大人：“为什么要上学？为什么要考试，还要做一大堆功课？”

得到的答案往往是：“上学才能学到知识。考试，才能让最好的学生出头啊！”

你又问：“出头之后呢？”

“就能上更好的学校，然后找到更好的工作。”

你又问："找到好工作干吗呢？"

"赚更多的钱啊！"

"赚更多钱干吗呢？"

"为了过更好的生活啊！"

"过更好的生活干吗呢？"

"这样你就会很快乐！"

你可以尝试询问：做任何事情是为了什么？追根究底会发现，除了"为了生存"之外，最后都会得到同一个结论：为了能让我们感觉到满足、自在、快乐。

我们现在吃苦，也是为了未来能够快乐。

但是，什么是快乐呢？为什么快乐那么重要，我们几乎所有的努力，都是为了获得它呢？

快乐，和你想的不一样

以前，心理学家认为，快乐就是没有悲伤。

所以心理学主要的功能，就是为人减少悲伤。心理学家尽全力去寻找人悲伤的原因，试着发明各种治疗方法和药物来让人不悲伤。

但后来他们发现，一个人不悲伤，并不代表他就一定会快乐。这似乎是两码事！

心理学家也发现，快乐和钱并没有太大的关系，这跟很多人以为的不一样。我们看到一些贫穷的人时，会觉得他们一定很不快乐，因为他们没有钱。但其实，他们生活中也有许多快乐，即便他们实际所拥有的，跟我们比起来非常贫乏。相反，有些人非常有钱，家里金碧辉煌，天天吃山珍海味，但却非常不快乐，还要常常去向心理医生求助。

心理学家还发现，快乐和忙碌与否也没有太大的关系，这和很多人认为的也不一样。很多不需要工作的人，整天都在玩耍，但还是会觉得很迷茫，不快乐。同时，有很多忙碌的人，即便事情多到做不完，内心却仍然非常快乐。

这到底是怎么一回事？怎么跟我们想的都不一样？

这些现象引起了心理学家的兴趣——如果我们活在这个世界上的目标，都是要快乐、满足，为什么不研究下哪些事情会让人快乐？

于是，正向心理学就诞生了。

正向心理学，又叫积极心理学，是一门研究“什么是美好人生”的学问。

它用科学的方式寻找这个问题的答案——我们如何活出一个有意义又令我们快乐、满足的人生？

先问你一个问题：上一次你感觉到快乐和满足，是什么时候？你跟谁在一起，在做什么？

积极心理学家访问了来自世界各地的从九岁到九十九岁的人。

他们非常惊讶地发现，一个快乐满足的人生，并不只是不断享乐。

例如，如果我们一年只去一两次游乐园，会很期待也很享受里面的各种惊喜，但如果每天都去的话，可能就没那么兴奋了。

如果享乐没法一直产生快乐，那么工作或学习这种看起来很不享乐的事情，能一直产生快乐吗？

为什么“积极”这么重要？

现在，跟你分享积极心理学家发现的一个快乐小秘诀，也许和你原本想的不太一样。

其实，很多人在努力工作的时候，会感觉到非常快乐和满足。

诀窍在于，他们在做的事情刚好有一点儿挑战，但又不会太难；而且，他们认为他们在做的事情是重要的，进入一种很投入的状态，甚至忘了时间，也忘了自己是在工作。

心理学家给这种感觉取了个特别的名字，叫“心流”，英文叫Flow。

他们发现，经常让自己处在心流状态的人，会更容易感到快乐满足。

心理学家还发现，当我们为自己设一个挑战，通过反复练习，逐渐进步并最终达到目标的时候，人也会感到非常开心。

想一想，你试着去学一个东西时，比如一种乐器或舞蹈，在练习的过程中感觉到自己的进步，是不是会有成就感？那样的感觉很不错吧？

由此，心理学家发现，一个快乐满足的人生，其实是需要挑战，也是需要努力的，但这种努力能让人投入，让人进步，这些都是关键的元素。

另外，心理学家也发现，我们平常把自己的大脑塞得太满啦！

我们经常担心一些还没发生的事，或者回想过去那些不好的经历，然而我们很少专注于当下。

比如，当朋友跟你说话的时候，你的大脑可能还在想早上的数学考试；或者，老师在讲台上讲课，但你却在想昨天朋友跟你讲了什么话……

由此，心理学家发现，美好生活的另一个元素是你需要全心全意去感受生活中的每一刻，而不是人在这里，但思绪不知道飘到哪里去了。

心理学家现在也在研究一种方法，让你可以静静地坐着，安静而专注地去感受每一刻。这个方法叫“正念”，英文叫Mindfulness。

这个方法不仅越来越多人使用，现在也有学校将它放入学校的课程中。研究证明，这个方法确实能让学生更容易专心，而且更能观察自己的情绪，以同理心对待其他人。

你发现自己的性格优势了吗?

还有一个心理学家很感兴趣的议题——

为什么有些人即便出生在很困苦的环境中，依旧有办法让自己过美好的生活?

研究发现，这些人绝对不是“鸵鸟心态”，也不是把烦恼丢在一旁，只顾着追逐开心，而是用一种很正向积极的心态，直接面对并克服他们遇到的挑战。

首先，他们有一种很棒的心态——懂得感恩。

他们了解如何去感谢人生中遇到的一切，无论是好的还是坏的；他们懂得接受并欣赏这一切，所以他们懂得运用自己的优势去面对挑战，而不是逃避；他们也更容易在面对不如意的事情时保持愉快的心情。

你知道这个研究最棒的是什么吗？

这样的心态是很容易学习的！

心理学家找到一个方法：每天晚上睡觉前，用五分钟去回想今天值得感谢的三件事情。只要连续两周这么做，大部分人都会发现自己变得更加乐观。

很简单吧？不妨今晚就实践下。

其次，这些人很懂得运用自己的优点来帮助自己，也帮助身边的人。

于是，心理学家针对各种不同的美德和性格特点做了仔细的研究，归纳出了二十四种性格优势。

每个人都有自己的性格优势，只不过各方面比重不太一样。比如，大家都有领导力，但班上某个同学的领导力在他的个性中特别明显。

你可以关注我的公众号“刘轩XL”，回复“性格优势”进行测试。测试结果的前三名就是你的“头号性格优势”。

你可以思考怎样运用这些特质在平常的生活里帮助自

己，也帮助身边的人，这会是个很好的开始。

例如，你突出的性格特点是很有创意，那下次当同学遇到问题的时候，你就可以想想有什么意想不到的好方法可以帮助对方。

这就是积极心理学家发现的能让人活出美好人生的一些重要方法，你可以在自己的学习生活中实践，也可以分享给身边的人。

我希望在不久的未来，这会成为全世界都通用的一种基本能力，希望我们每个人都可以加入这个正面积极的行列。

第三部分

聪明是什么：
天赋和努力

第七章

语言能力可以改变什么

从懂事开始，家长就会教导我们："对人要有礼貌，不要说脏话，不要乱学话，尤其不要跟结巴的人学说话！"有时候，我们说错话的时候，还会被埋怨："这孩子怎么这么不会说话！"

说话，是沟通的方法，说在口中是语言，落在笔下是文字。那么，这种能力是怎么形成的呢？我们又该怎样好好说话呢？这一章，我们就来谈谈"语言"。

语言，是我们说的话，是我们写的字，是我们用来沟通的方法。

专门研究语言的学者，是语言学家，他们专门研究一门语言是怎么发展、怎么变化的，与其他语言有什么相同点或不同点。

专门研究语言的心理学家，叫语言心理学家。

语言心理学家感兴趣的问题，包括语言怎样影响一个人的思想，思想是怎样变成语言的。还有一个更基本的问题：人是怎样学会语言的？

让外国人崩溃的汉语

先想想你自己，是怎样学会语言的呢？八成不记得了吧？从你有记忆以来，就已经听得懂，也会说话了。当然，你在学校还是要继续学写字，学成语，读课文，但基本的听、说，你都已经会了，好像也没有人特别教过你，对不对？

人学会的第一门语言，叫“母语”。婴儿是怎么学会母语的呢？我们先来看看母亲跟婴儿是怎么互动的。

妈妈抱着宝宝，看着他，一直对他说“妈妈、妈妈”。

婴儿只会发出咿咿呀呀这样的叫声，母亲还是很耐心地拍拍他，跟他说说话，然后继续说“妈妈、妈妈”。

如果你是一个牙齿都还没有长出来的婴儿，只要把嘴唇并在一起，然后张开来说“啊”，就自然会发出“妈”的声音。如果有一天，你连着两次发出这个声音——“妈……妈”，然后妈妈就感动得哭了！“天哪！你叫妈妈了！妈妈！妈妈！”那天，你就会有特别多的奶喝。

由于这种自然的发音习惯，全世界几乎所有语言里面，母亲都叫“mama”。

从学会喊“妈妈、爸爸”开始，我们逐渐意识到身边的每个东西都有名字，每个动作也有个代表的声音。就这样，身边人说出口的各种声音，开始对我们有意义。我们逐渐听得懂了，也会自己说了。

动物也会用声音来呼叫同伴。有些动物，比如金刚鹦鹉，还能模仿人讲话的声音。刘轩老师小时候曾经养过一只绿色的亚马逊鹦鹉，一天到晚对着它说话，但是它只学会了说一个词“Hello”（你好），而且让它说还要看它的心情。

这些模仿人说话的动物，并不是真正会说话。它们会发出这个声音，但并不懂背后的意思。只有人类才能使用语法，构成有意义的语言。

人类使用语言的能力真是非常了不起。你现在读的是我写出的文字，你看不到我，只看到一个个连成词组、句子的文字，你怎么就能把它们转换成一个个有意义的句子呢？

而且，就算打乱顺序，“如果我现在这样讲话”“现在如果我这样讲话”“我现在如果讲话这样”“我讲话如果现在这样”，你还是能看懂我在说什么，对不对？这就更了不起了！

这表示，我们并不只是根据文字本身的意思来理解，我们还会根据旁边的字，还有上下文，来猜出这些文字在表达什么。

我们人类的大脑，实在是了不起！

我们再来玩一个语言游戏，请看以下两句话：

在冬天，能穿多少穿多少。

在夏天，能穿多少穿多少。

这两句话里面，“能穿多少穿多少”，是一样的多少吗？哪个多？哪个少？差不多？差多少？你怎么知道的？

一个刚开始学中文的外国人，碰到这题，可能马上就崩溃了。

不是中文太难，而是中文有些语法特点，如果你不是从小就学，之后也很难理解。英文也是一样。每种语言都有独特之处，有些特别微妙的地方，只有把它当母语的人才能体会。

语言学者甚至发现，如果一个人小时候没有听过某些外国语言的声音，长大之后再学那种语言时，会很难分辨出那些细微的发音差别。但是对于从小就在说那种语言的人来说，那些细微的差别就很明显。

你可能会经常听到一句话：“学外语，越早开始学越好。”这是有道理的。青春期之前，人的大脑可以把新的语言几乎学到像母语一样，但进入青春期后，大脑就有一些改变，这个能力就会大打折扣，这叫“语言习得关键期”。

一个从未与人说过话的女孩

在语言习得关键期的研究中，有一个很有名但听了让人特别伤心的案例。

这是一个美国小女孩的故事，她的名字叫Genie（杰妮），但其实这是化名，我们并不知道她的真实姓名，因为她现在受到美国政府的保护。

Genie的父亲是个很暴力、很变态的人。Genie出生之后没多久，就被她的父亲关到一个黑暗的小房间里。她的父亲不准任何人跟她讲话，他自己也不会跟她互动。Genie就这样被关在一个小房间里面，没有与任何人接触过。她一直被关了十三年。

可怜的Genie与世隔绝十三年之后，终于有一天被救了出来。但她从来没有见过外面的世界，没有跟人有过互动。因为长年被关着，加上营养不良，她连走路都很困难。

而且，她完全没有语言的能力。

语言学家从来没有见过这样的人，因为我们每个人从一出生都会有大人照顾，跟大人互动，多少都会习得语言，但Genie完全没有。从十三岁才开始学习母语，她有办法学会吗？

经过了长期的训练，Genie学会了一些单词。但是，她始终没有办法把单词组成句子，也就是说，她始终没有学会语言。

会不会是因为她受到了太多虐待，大脑已经受损？会不会是因为营养不良，导致大脑发育不健全，所以无法学习？我们不知道，因为她现在已经不愿意再接受训练了。据说她还活着，但她现在住在哪里，只有照顾她的几个人才知道。

说话也会伤人

说话也会伤人吗？当然会。听到一个悲伤的故事，你会伤心地哭；听到一个笑话，你会哈哈大笑。

我们不要随便骂人，也不要说脏话，就是这个原因，因为我们说出口的语言，会直接影响别人的心情。心理学研究发现，即便小孩子听不懂大人说的每一个句子，但他会受到语气的影响。如果孩子在家里经常听到争吵的、愤怒的语气，无论是针对谁，都会感受到压力。

这告诉我们：平常说话要尽量轻声细语，有话好好说，不要大吼大叫。

外国人说话跟我们哪里不一样

语言心理学家还说，你用什么样的语言思考，也会影响你的思考方式。

刘轩老师是在美国长大的，所以有许多事情是用英文思考。但是我做心算的时候，还是习惯用中文思考，为什么？因为在脑袋里面，用中文数数字比较快。

你用英文念出1—10是这样：one，two，three，four，five，six，seven，eight，nine，ten。

用中文是：1，2，3，4，5，6，7，8，9，10。是不是快多了？

会不会因为我们在脑袋里面数数字比较快，所以数学题也做得比说英文的人快呢？有些学者认为的确如此。

不同的语言，还会让你对身边的人和事物有不同的感觉。

比如中文有“你”跟“您”，我们对长辈和尊敬的人说“您”，对同辈和小朋友还有熟识的朋友说“你”。但是英文里，对应词就只有一个You。

有些语言学者认为，这反映了中国文化重视人与人相处的礼貌。你从小到大都说中文的时候，自然就会把每个人分为“你”跟“您”两个层级，但对于从小到大只说英文的人，这个层级观念就比较模糊。

在欧洲还有一些语言，每个名词都要分雄性和雌性的。例如，一座桥在德文是雌性的，但是在西班牙文中，桥却是雄性的。

母语是中文的我们会觉得莫名其妙，桥就是桥，它是个东西，为什么要有性别？但是这就是那些语言的文法，每样东西都要有个性别。

有趣的是，当德国人和西班牙人描述他们心中一座桥的样子时，德国人会以“漂亮的”“优雅的”这种比较女性化的词语来形容它，而西班牙人则会以“坚固的”“厚实的”这种比较男性化的词语来形容。他们对于桥的基本认识，也会因为语言不同而有所差别。

这个观念，叫“语言相对论”。比如，直觉上，你觉得“蛋”是聪明的还是笨的？应该没有聪明和笨的差别吧？

如果你会想到“笨蛋”，觉得蛋只能是“笨蛋”，而不是“好蛋”“聪明蛋”，那你想想，我们每天说的话、用的字，是不是都在影响着我们的思想呢?

学会一门语言，在生活中运用自如，其实并不简单。

如果你正在学习外语，无论是英文、法文、德文，还是韩文、日文，只要是后来再学的，就没办法像母语那样简单自然，除非你搬到那个国家，身边没有一个会说中文的朋友，保证你很快就学会了。这叫“沉浸式学习法”。刘轩老师当年搬去美国，就是这么学的，刚到那里连半句英文都不会，但半年就能跟同学聊天了。

如果你没办法给自己沉浸式学习法的环境，那么学习任何语言，都是一句话：“越用，越会用。”光是背单词还不够，必须要常常使用它，这门新的语言才能够被你的脑袋灵活使用。（关于这一点，我有一篇专门讲解的文章，请在我的公众号“刘轩XL”回复“英语学习”阅读。）

请记住：语言是沟通的工具，不只是考卷上的题目而已。

改变语言可以改变自己

根据“语言相对论”，我们说的话会影响我们对一件事情的看法——这包括我们自己对自己说的话。

教你一招，如果你常说“我得做功课了”“我得练钢琴了”“我得去睡觉了”，把那个“得”改成“要”：“我要做功课了”“我要练钢琴了”“我要去睡觉了”。

差别在哪里呢？“得”是“必须”的意思，是别人叫你做的，是没有选择的。

但“要”就有自己的想法在里面了。争取东西的时候你会说“我要”，所以当你说“要”，有个含义就是你真正想要。

朋友来找你，你说：“我得做完功课，才能出去。”如果换一个字——“我要做完功课，才能出去。”是不是感觉很不一样？

把“得”改成“要”，长久下来，会帮助你变得更加主动、自发！

第八章

你的智商极限在哪里

不知道你是否听到过父母或某位朋友感慨："那个谁谁谁，怎么那么聪明？那个谁谁谁，怎么学习那么好？"然后就觉得自己压力很大。聪明不聪明，是我们自己能决定的吗？聪明是天生的，还是后来养成的？

自古以来，人们对于"什么是聪明？"也有许多不同的看法，而这个问题，也是心理学研究的范畴之一。

这一章，我们就来聊聊"聪明"。

智商测验可信吗？

你觉得身边最聪明的人是谁？为什么你觉得他聪明呢？

我们提到"聪明"时，一般会和智力联系在一起，觉得智力高就是聪明，反之就是不聪明。那么，智力是怎么测出来的呢？

如果我拿两个杯子，里面倒一样多的水，然后把其中一杯水倒进一个细细高高的杯子里，请问哪个杯子里的水比较多？

答案是，两杯水一样多。水量不会因杯子形状的改变而改变。

但是如果你问一个三岁大的小孩，他很可能会告诉你，那个细细高高的杯子里的水比较多。

这表示三岁大的小孩傻吗？不是！这种“数量维持观念”，是一种比较抽象的观念，幼儿还无法理解，他只是靠容器的大小或高低来做比较。

但有一天，通常在五岁到七岁左右，也不需要什么人特别教，孩子突然就懂了，之后就不会把这种问题搞错了。这就是大脑的发育和成熟。

我们从出生到长大，大脑会一直改变，有一些比较抽象的思考功能，会随着你的年龄和大脑成熟情况自然发展出来。某一天，你就突然“开窍”了。

第一个智力测验，就是这么来的。

发明它的人，是一位名叫比奈的心理学家。他是个法国人，出生在十九世纪。比奈有两个女儿，他很爱她们，天天陪她们玩。他观察到，孩子的智力好像是随着年龄逐渐进步的。像那个水和杯子的测验，最初姐姐和妹妹都不会；后来姐姐会了，妹妹还不会；再后来，妹妹大一点儿之后也就会了。

在一八八一年，法国政府开始实施义务教育。按照法律规定，每个孩子都得去上学，学校里突然多了许多孩子。这时候，老师们发现即便是同年龄的孩子，有些很聪明，有些就不那么聪明。针对一些知识，很多同学都学会了，还有一部分同学一直学不会，全班的进度也因为他们而变慢。于是，老师们需要用一套测试方法，找出哪些孩子的智力比较低，好让这些学生进入特殊教育班受到更多的照顾。

开发这个测试方法的工作，就交给了比奈。

他先用各种各样的题目给孩子们做测验，有些题目简单，有些题目难。然后他加以分析，看看六岁大的儿童能回答哪些题目，八岁大的能回答哪些题目，十岁大的能回答哪些题目……如此统计出一个“基准”。然后，再按照这个“基准”，把问题从最容易排到最难。

比如，你今年八岁，做完测试，你能够回答的问题刚好到八岁的标准，那么你就是所谓的“标准智商”。如果你能够回答十岁的标准问题，那你就是高智商。但如果你刚遇到六岁的标准问题就卡住了，那么你可能就是低智商，需要去特殊教育班了。

比奈跟老师们说：“请不要因为一个孩子测试出来的智商偏低，就认为他一辈子都会是这样。通过特殊教育，我们还是有希望让发育比较迟缓的孩子，有一天能够跟上大家的进度。”这是智力测验原本的目的，也就是找出学习力比较弱的学生，好给他们额外的帮助。

但并不是每个人都想要用它来帮助弱势群体，反而有人想用它来限制他们。

这些人里有一位叫亨利·戈达德的美国科学家。戈达德研究的是“优生学”。优生学相信某些人种特别优良，所以这些人生下的小孩就比较优秀。优生学鼓励优良的人种多多生小孩，同时也限制不优良的人种不生或者少生小孩。

你觉得这公平吗？一点儿也不公平！当年的优生学者大多是白人，他们相信自己就是比较好的人种，对其他种族相当歧视。

亨利·戈达德把比奈的智商测验翻译成英文，不仅用在美国的学校里，还给当时刚来到美国的新移民做测验。而那些经过测验确定为低智商的人，就不能进入美国国境，被安排到很糟的地方居住。

想象一下，你漂洋过海，终于到了美国边境。海关的人把你带到一个小房间里，给你做一大堆测验。你已经很累了，说不定英文题目都看不懂，最后却被告知：“对不起，你不及格，我们不欢迎你进来！”

你可能会觉得这样做太没人性了，但这就是当时曾经发生过的事情。

因为曾经有过这样一段黑暗历史，所以现在的教育家对智商测验都很谨慎，不希望这种测验被人用来做一些自私、伤害人权的行为。

测测你的思考能力

现在大部分的智商测验题目，都围绕在数学、语言跟逻辑推理这三种思考功能上。下面，我给你出几道题体验一下。（做完之后再看答案）

第一题：

49，45，41，37，33，接下来的数字是（　　）。

第二题：

书本与阅读的关系，就好比筷子与（　　）的关系？

A. 画画　　B. 写作　　C. 搅拌　　D. 吃饭

第三题：

如果五台缝纫机能在五分钟内缝出五件衣服，那一百台缝纫机能在（　　）分钟内缝出一百件衣服？

第一题的答案是29。每个数字比上一个数字减4。

第二题的答案是D。

第三题的答案是五分钟。

这三道题，类似现代智力测验，仅仅是让你体验一下。而且，这种智商测验只能测试几种思考能力而已。一个正式的智商测验包含很多题目，也需要一位专业的测试官来做分析，不是花几分钟就能做完的。

如果你表现不好的话，也不要气馁，这种考题是可以做训练的。如果你经常回答这类题目，表现就会越来越好。

你也有的八大智能

心理学家发现，我们不应该只把逻辑、数学跟语言当作唯一的智力标准。即便是完整的智商测验也没有办法测量出你的“多元智能”。像有些人很会说话，或者很容易就学会好几种外语，这也应该算是一种智力、一种天赋，对不对？有些人方向感很强，跟这种朋友出门绝对不会迷路，这也应该算是一种智力。

世界著名教育心理学家，美国哈佛大学的霍华德·加德纳教授，经过多年的研究，整理出了八种不同的“智能”。

他说，每一种智能都是一个独特的能力，一个孩子从先天的条件到后天的栽培，可能在某一个方面锻炼出特别高的能力，而这些能力在社会上也都有专业的发展，有很成功的杰出人士作为典范。

下面，我分别讲述这八种智能的特点。你看到每一种的时候，都可以问问自己："我有这种智能吗？"或者想想自己身边有没有哪个人在这方面特别杰出。

一、逻辑－数理智能：这就是用数字思考和逻辑推理的能力，也是传统IQ智力测验主要测试的能力。在这方面有高智商的人，在理工科目会表现得特别出色，他们可以当工程师、科学家、金融分析师等。

二、言语－语言智能：语言智能高的人，对文字的运用得心应手，听、说、读、写能力突出，很有天分。这种人很适合当作家、记者、编辑。

三、视觉－空间智能：这种人对空间的规划和应用特别敏感，适合当建筑师、空间设计师。

四、音乐－节奏智能：有些人特别有音乐天分，一首曲子听几次，就能记住旋律，或是记住很复杂的节奏，这种人当然最适合成为音乐家。

五、身体－动觉智能：这种智能是指能够准确地控制并使用自己身体的能力。这种人可以成为优秀的舞者、运动员、演员，或是常给病人做手术的外科医生。

六、交往－交流智能：有些人特别懂得怎么跟人相处，似乎很能理解对方心里在想什么，知道怎么跟人互动。这种人适合做杰出的业务员、外交官、主管和老师。

七、自知－自省智能：这是一种能够对自己有高度自省的察觉能力。有这种智能的人可以当艺术家、哲学家，也很适合当心理学家。

八、自然观察智能：能够分辨各种花草，培养植物，与动物互动，有在大自然环境中特别活跃、特别自在的能力。这虽然是最近才被定义出来的智能，但加德纳教授说，这很可能是人类最原始的智能。自然智能强的人，在打猎、农业、环境保育、生物科学方面都特别杰出。

以上八种智能，你觉得自己有几种呢？

你评估自己的时候，可能觉得某方面特别强，某方面比较弱。当然，我们不需要在每个方面都很厉害。

这八种智能，其实都存在于我们每个人的身上。比如身体－动觉智能，人人都会运动，都有这种能力，但有些人手脚特别协调，以前我们会说这种人“运动细胞很好”，但现在我们知道，这也是一种需要用脑的能力，之前说的“四肢发达，头脑简单”其实应该是“四肢发达，头脑更不简单”！

如何发掘自己的天赋?

如果你在某一种智能上比同龄人强的话，也许就可以在这个方面多花一点儿时间和精力，通过训练逐渐开发自己的能力，达到专业水平。

教育家说要发掘孩子的天赋，也是这个意思。

我们不需要背一大堆书，塞一大堆知识在脑袋里，而是要通过不同的、多元的活动，再加上观察和自由发展的空间，找出自己的智能优势在哪里，兴趣在哪里，然后朝那个方面多努力。

我们虽然不需要十八般武艺都精通，但如果自己能在某一种能力中多付出一些，取得一些成果，建立自信，这会是让我们一辈子都受用的。

那么，正在阅读这本书的你，如何找到自己的天赋呢?

给自己各种不同的新体验和学习经历吧。参加社团，出门旅游，结交不同背景的朋友……这些都能让你自然获得新知识和不同的智力思维。你学得越多，就会越有心得，越能发现自己在哪个方面擅长，哪些事情做起来得心应手。十有八九，你在这个领域就是有天赋。

现在你了解了，智力、智能有很多种。心理学家看智力这件事，也不是那么简单。不只是一个会念书、会考试的学生就能称为“聪明”。会念书的人，不一定将来就是最厉害的人。

讲到聪明，我们还要回到一个最基本的问题——

聪明，有什么用呢？

我认为，一个真正聪明的人，能够用自己的智慧来解决自己的问题，并且帮助人类，帮助这个世界，帮助我们的地球。如果一个人很聪明，但是只用他的聪明来伤害别人，做坏事，那我宁可他笨一点儿，不要乱用他的聪明。

最后，希望你学会欣赏不同的人身上不同的能力。社会本来就需要有各种才能的人，除了科学家、医生、教授之外，我们也需要艺术家、歌手、诗人、运动员。如果大家都只是数学好，那多无聊啊！

希望你能够找到自己的天赋，开发自己的智力，成为一个对社会有贡献的聪明人！

第四部分

有备无患，提升学习力

第九章

原来记忆是这样的?!

我们在日常学习中要背诵课文，要记单词，会大量使用记忆力。回答问题时，也要从记忆中找出对应的答案。如果没有记忆力，学习这件事都不会存在。

那么，你觉得自己的记忆力够好吗？你身边有没有那种“过目不忘”的奇才？这一章，我们来谈谈记忆，以及改善记忆的方法。

简单来说，记忆的功能就是让我们记得什么是好的，什么是不好的；哪里有危险，哪里有食物，我们的祖先就是这样存活下来的。

想象一个没有记忆的人，每次在森林里碰到老虎，老虎就追他，他就逃跑。但是下一次看到老虎的时候，他还是会跑过去找老虎玩，“哇，好大的一只猫！啊呀……”

你看，人类没有记忆不行吧？

心理学家认为，从进化论角度来说，记忆力差的人，在野外比较难生存。所以，能够存活下来，还能传宗接代的，应该都算记忆力不错的。我们就属于记忆力不错的祖先的后代了，所以即便你觉得自己的记忆力很差，也还是要有点自信。

人为什么会忘记事情?

那记忆，到底是存放在哪里呢?

当我们看一张图片的时候，眼睛是否像照相机一样，咔嚓把那个画面存到脑袋里呢?

不是。即使把大脑整个儿翻开来，逐行扫描，也找不到那张图片。即使知道这些记忆都在脑神经里面，但是分散在各处，这个神经细胞有一点儿，那个有一点儿，而且也不是完整的一张图片，只是某些重点而已。

为什么大脑不把整个儿画面都存进去?因为储存会占据空间，而且你要维持那些记忆，也需要更多脑力。如果什么都要记住的话，脑力很快会吃不消。所以，大脑会选择记住它认为是重要的信息。例如，人脸对我们就是重要的信息，所以大脑记住人脸的能力，会比记住一些其他图像的能力稍微好一些。

我们每天接触那么多信息，都是怎么处理的?

记忆形成的秘密

我们先来做个记忆测验。

请看下面一行数字，只看一遍，不要读出来，也不要写，看完一遍后，抬起头，回忆看看你能记住几个数字。

准备好了吗？

6 7 0 5 2 8 4 7 3 9 3 8

刚才记住了几个数字？

心理学家发现，一般人可以记住7±2个数字，如果你刚才能记住5个数字到9个数字，都算正常。如果超过9个，那就非常厉害了！

你可能发现，记忆时，当数字一多，前面的数字就会在记忆里消失了。为什么呢？这就是所谓的“短期记忆”，它的容量很有限，如同它的名字，一般人记住的大约为7个信息单位，也就是7±2。

既然短期记忆这么短，它有什么用呢？

其实，我们使用它的频率非常高。

例如，当你在看这行字的时候，你就正在使用短期记忆，不然你会看不懂我在说什么。我们也需要短期记忆来听音乐，否则如果听到后面的旋律就忘了前面的，我们就很难欣赏音乐之美。

有个比喻说得好，我们的记忆就像是一座旅馆。旅馆的房间里住着我们的长期记忆；短期记忆就像是旅馆的大厅，新的信息、经验，就像是要入住的客人。

客人要入住旅馆，要先在大厅办理入住手续，再拿到钥匙住进旅馆的房间。

大脑里有个部位叫“海马体”，就像是记忆旅馆的前台，负责把客人安排到大脑的各个地方储存起来。不过这个前台实在很辛苦，新的客人络绎不绝地进来，如果前台不能及时把客人送到房间去，有些客人就会离开了。

你还记得刚才的那串数字吗？

应该早就忘记了吧？为什么呢？因为没有花心思把它们储存到长期记忆里，大脑认定没那么重要，它们就一直在大厅里转啊转，然后，就跑掉了。

那长期记忆是怎么形成的呢？

有些经验很容易成为长期记忆，比如你被一部最喜欢的电影感动了。有些事情，也许你想忘都忘不掉，比如有同学笑话你。当记忆配上强烈的情绪，就会形成比较强的长期记忆。

只是，我们学习更需要记忆力，可对那些课文、需要背的单词、那些国家的首都……实在是没什么感觉，却全都要入住到你的记忆旅馆，该怎么办呢？

我们再来做一个记忆测验。

先准备一张纸和一支笔。

下面有十五种东西，给你两分钟时间，你想办法把它们记下来，但不许用笔写，不许做笔记。

猴子、钥匙、狮子、礼物、保险柜、课本、贴纸、显微镜、长颈鹿、毛巾、胶水、老鹰、跳伞、抖音、奖杯

两分钟之后，请在纸上写下所有你记得的东西，看看能写几个。

如果你写了十五个的话，了不起！你应该用了一些记忆技巧，对吧？

如果你写了十到十五个，厉害！

如果你写了十个以下，算正常。

如果少于七个……请继续往下看。

我给你讲一个故事。

有一天，猴子拿着一把钥匙，见到了狮子。

狮子给猴子一个礼物，猴子就把钥匙交给了狮子。狮子拿着这把钥匙，打开了一个保险柜。

保险柜里面，有一本非常珍贵的课本。课本上

面，贴了一张闪闪发光的贴纸。

狮子找来它的伙伴长颈鹿，用显微镜来看这张贴纸。

长颈鹿看了之后满头大汗，想用毛巾擦脸，但发现毛巾上面都是胶水，粘满了它的毛。长颈鹿没办法呼吸了！赶紧呼叫老鹰，老鹰就从天上跳伞下来，救它的朋友长颈鹿。

这件事被其他动物拍成了抖音视频，老鹰成了英雄，还获得了一个奖杯。

现在，请你再拿一张白纸，用一分钟的时间，回想这整个故事与画面，写下故事里面出现的那些东西。

如果你认真读了故事，并且想象那些画面的话，应该会发现比上次记得更多，是不是？

提升记忆的三个方法

为什么会这样呢？因为记忆有三个特点：

第一，大部分人擅长图像记忆。所以，你把每种东西都想象成一个生动的画面时，会比较容易记住。

第二，大脑喜欢把东西串联在一起。你把东西想成两个或三个一组时，比如猴子拿着钥匙，狮子拿着礼物，保险柜里面放着什么，课本上贴了什么，长颈鹿在用什么看贴纸……就更容易记忆。

第三，有前后顺序的故事比较容易记忆。当我们把一些没有关联的东西想象成一个有画面、有剧情的故事，就像是让这些猴子、狮子、老鹰手牵手一起走，从记忆旅馆的大厅走进长期记忆的房间。

是不是很有趣?想记住很多信息，要用对方法。如果只是一直背诵、默写，一直不断地读课文，虽然最终能把东西背下来，但死记硬背的方法记忆效果并不持久。不如动动脑，发挥想象力，说不定很久之后，你还会记得长颈鹿用毛巾擦脸，然后胶水粘住毛的那个情节呢!

记忆也会撒谎

记忆一旦住进旅馆之后，就一辈子都待在里面了吗?

这可不一定。

有些会一直在里面，比如你特别有感觉、有强烈印象的事情。

但有很多记忆可能还在房间里，只不过你太久没打开门，都忘记那房间里有回忆了。

有人说，人一辈子所经历的所有事情，都会存在大脑里面，我们只要有正确的钥匙，都可以把那些记忆叫出来。

但研究记忆的心理学者通过实验发现，人其实是会忘记的。我们不但可能会彻底忘记，而且原本的记忆还可能会改变！大脑里装进了一些新的经验时，还可能会跟旧的记忆混在一起。

例如，我一直认为有个好朋友曾经参加过我二十一岁的生日派对，直到有一天看到当时的照片，我才吃惊地发现他不在任何一张照片里！后来我才发现，原来我们是在后来另一个聚会上认识的，但在我的记忆中，却把两个聚会混在一起了。因此，我不得不承认，就算自认为什么都记得，有时记忆也是挺不可靠的。

所以，如果你想要巩固自己的记忆，最好的方法就是把那些照片、影片、笔记……不时拿出来看一下，也偶尔考一下自己。例如父母亲的生日、父母亲的电话号码，你记得吗？即便现在记得，还是需要每个月考一下自己。如果你很长一段时间没想起来使用，搞不好突然有一天，你就发现记不清楚了！

好好睡觉也能帮助记忆

近年来，科学家还发现睡眠对我们的记忆非常重要。当我们睡着时，也是大脑整理记忆的时候。如果你学习之后马上去睡觉，会更容易记住学习的东西。

还有一个实验发现，熬夜不睡的学生，记忆力测验的表现会减弱百分之四十。假如一个睡眠充足的学生能力有一百分，熬夜不睡的学生能力就只有六十分。所以，睡眠不及格，记忆也会不及格！

所以，即使有时候你觉得根本不困，不想睡觉，到了休息时间，还是得去睡。这不是浪费时间，而是让你有更好的记忆效果。

关于记忆，你现在是不是有更多认识了？它真的不只是“背”而已。

希望你下一次要记忆事情的时候，多动动脑，适度发挥联想力、想象力，让事情住进你的记忆旅馆里；也别忘了经常让记忆出来放放风，回想之前记住的一些内容，让记忆变得更持久。

比如，你还记得故事中那只猴子手里拿的是什么吗？

第十章

专心，为什么那么难？

你觉得对一件事专心，难不难？

有时候很难，在课堂上听老师讲课，如果不是我们喜欢的科目，或者老师讲得太难懂，再加上前一天晚上没睡好，你一定会觉得专心好难。

但如果你是在玩游戏或者看动漫，会觉得专心很难吗？不难吧！恐怕这个时候，分心才难，就算爸妈在你身后打扫卫生，说“把脚抬一下，换个地方”，你还是会很专心吧！

为什么会这样呢？仅仅是因为我们喜欢做一件事，所以就会更专心吗？这一章，我们就来探讨专注力。

保持专心的三个要点

专心，其实是一种很复杂的思考能力。

首先，你要选择把精神专注在某一个信息上。

其次，你要能够分辨出那个信息。

同时，你还得要忽略其他不相关的信息。

这其实是很费脑的。当声音传入耳朵，通过神经传到大脑之后，大脑要做各种选择以及非常复杂的计算，才能完成刚才这三件事。那么，大脑是怎么计算的呢？其实现在心理学家还在努力研究中。

我们的大脑是个很了不起的“计算器”，也是一个最有趣的谜。法国哲学家笛卡尔曾说“我思故我在”，但我们是怎么知道我们所知道的呢？我们说“看到了”“听到了”“认识了”“知道了”，这究竟是什么意思呢？对这种问题的研究，就属于认知心理学的范畴。

我来打个比方，想象一群很聪明的猴子，捡到了一个计算器。它们发现计算器可以算出正确的答案，可以用这个计算器来做事，但是，它们却不清楚计算器为什么能计算出答案来。如果它们把计算器拆开，只见到一堆电线和芯片，还是看不出正确答案是怎么来的。我们的大脑就像是这个计算器，而我们就像是这些猴子。

假如你想要了解这个计算器，除了把它打开来拆电线之外，还有个方法，就是刻意给它一些难题，看看它什么时候会出错，来认识它的极限在哪里。这就是认知心理学在做的事情。认知心理学研究者也用这个方法，做了一些很有趣的实验。

有趣的专注力实验

如果有两个同学，或者是你的爸爸妈妈，分别同时在你的左耳边和右耳边说话，讲不同的事情，你能同时听懂这两个人在说什么吗？

恐怕不能吧！

我们专注在左耳的时候，虽然知道右耳边还有人在说话，但他在说什么就不是很清楚了；我们专注在右耳的时候，也很难搞清楚左耳边的人在说什么。而且当两边的人说话说得越快，我们越是需要专心听。越是专心听，我们越只能专注在某一边，而另外一边也就会越听不清楚。

这也就是为什么当我们专心看电视的时候，旁边大人跟我们说什么，我们好像觉得听到了，但其实并没有真正听进去，只知道有个声音嗡嗡嗡地在耳朵旁边响过。

这个实验还告诉了我们什么呢？我们能够专注的范围其实很有限。

一些小偷能轻而易举地偷走我们的东西，也正是因为我们专注的范围很有限。

你有没有注意到，小偷通常是两个人一对？一个人故意撞我们一下，或拍拍我们的肩膀，引起我们注意的同时，他的同伙就从我们的口袋里把钱包偷走。这叫“专注力误导”。

如果是平常有人掏你的钱包，你一般都能感觉到，但当有另一个更强烈的刺激发生，比如被人撞一下，你的注意力就被误导，这时候就不会注意到那个掏钱包的感觉了。

几乎所有的魔术都利用了“专注力误导”这一技巧。观众都知道魔术师在耍把戏，在刻意误导他们，观众也想办法提高专注力，期待能拆穿他的把戏，但厉害的魔术师就是能让观众猜不透，能用一连串的误导让观众觉得似乎看到了奇迹。这就是因为我们能专注的范围其实相当有限。

曾经有个很好笑的实验，显示了人有多容易被骗。

一个人走在马路上，有个游客过来问路。当那人低头看他手机上的地图时，搬家公司的两个工人拿着一大扇门路过，刚好需要穿过两人中间。

而当那扇门挡在两人中间，彼此谁也看不到对方时，那个游客就被换成另一个人。所以，那人抬起头来时，看到的会是不同的游客，还穿着不一样的衣服。

那你觉得会有多少人发现：“嘿！怎么人变了呢？”

答案是，只有三分之一的人发现了！

绝大部分的人根本没察觉到，过来问路的路人甲，竟然就在眼皮底下变成了路人乙！

这说明，虽然我们觉得自己会注意到很多事情，但其实只会注意到大脑认为我们该注意的东西而已。当不寻常的事情发生，我们说不定根本不会察觉。

人的注意力很有限，所以我们时时刻刻都在做选择，决定环境中哪些是比较重要的信息，哪些是该专注的。

那专心的反义词——分心，又有什么特点呢？

分心也有不同的状态。有时候，我们完全放空，好像什么都没有注意。有时候，分心是因为我们专心于别的事情，而忽略了别人要我们专心做的事，例如在上课的时候做白日梦，想别的事情，或是被窗外发生的事情所吸引了。

有个实验叫“斯特鲁普实验”，是由美国心理学家约翰·莱德利·斯特鲁普发明的。大家可以到网上搜来资料做一下这个实验的测试，它让我们对于专心有了很重要的理解，那就是：当有两种不同的信息重叠在一个范围里，信息会互相干扰，争抢我们的注意力。

提升专注力的五个方法

回想开篇时我介绍的专心的三个特点，专心除了需要注意到并且分辨信息之外，还需要忽略那些不相干的信息。如果有太多不相干的信息争抢我们的注意力，那就需要花很多力气来维持专注。

这就是为什么我们念书的时候，最怕旁边有其他同学在聊天。即便你很专心，刻意不去听别人在说什么，但还是需要花力气“不去听”。

这时候如果你想要保持专注，最好的方法就是戴上耳机或耳塞，放些音乐，把同学讲话的声音隔绝在外。

我建议你听纯音乐，而不是歌曲，因为歌曲里的歌词也算是语言，相当于多了一层信息。

我个人最喜欢听大自然的声音，例如下雨声，或是丛林里的虫鸣鸟叫声，耳机里放这种声音，特别能阻挡外面的声音，帮助我保持专心。为此，我还专门制作了一小时屏蔽噪声的音频，里面有水声、雨声、虫鸣鸟叫声，非常好用，你可以在我的公众号“刘轩XL”中回复“噪声屏蔽”获取。

如果你需要很专心地阅读或者复习考试的话，建议你在开始之前，先把书桌表面清理干净，让视力所及之处尽量没有其他的书本和文字。手机更不用说了，关机或开飞行模式。最近有研究发现，只要把手机放在桌上，即便屏幕是黑的，光是它在我们的视线范围内，都会使专注力受到影响。

手机，真的是现代人专注力的克星！

总之，如果你想要让自己更专心，我有五点建议：

第一，耳不听为净。安静的地方比较能保持专心。如果你找不到够安静的地方，那就戴上耳机，听一些没有歌词的曲子，或大自然的声音。

第二，眼不见为净。尽量把书桌等身边的东西放置整齐，最好眼前就只有那个需要专心的东西。

第三，定时休息。专心耗的脑力很多，专心久了会累，累的时候会更难屏蔽那些令你分心的信息，所以效率会降低。每学习一小时都要休息十分钟，看看远处，休息一下眼睛，转换一下心情，能让你的专注力更持久。

第四，如果你因为心浮气躁，静不下来，就先动动身体，做些有氧运动，释放一些体能，然后再冲个澡，心态平静更容易专心。

第五，如果你非常疲倦，只要有机会，宁可小睡一觉，也不要强撑。但小睡建议不要超过二十分钟，效率会更高。

保持专心是一种技巧，也是要练习的功课。方法对了，就会事半功倍，加油！

另外还有些人，无论如何就是特别容易分心。有多动症的人完全坐不住，有些则是精神涣散，总是在放空。如果上面的方法你都试过了，没有什么帮助，分心的状况也严重影响了你的学业，那你有可能患有ADD（注意力缺陷障碍）或ADHD（注意力缺陷多动障碍），需要咨询专业医生。

第十一章

学霸的秘密

印度有一个古老的寓言故事，叫“瞎子摸象”。

一群盲人，听说有一种叫大象的奇怪动物来到镇上，没有人知道它长得什么样子。他们就跟彼此说：“我们虽然看不见，但可以通过触摸来了解大象是什么样子！”

第一个盲人一伸手，摸到了大象的鼻子，就大叫说：“大象啊！原来就像一条蟒蛇！”

第二个盲人摸到了大象的耳朵，大叫说：“大象啊！是一把大扇子！”

第三个盲人摸到了大象的腿，就说：“大象啊！是一根柱子！”

第四个盲人摸到大象的身体，就说：“大象啊！是一堵墙！”

第五个盲人摸到了大象的尾巴，就说：“大象啊！是一根绳子！”

最后一个盲人摸到了象牙，就说：“大象啊！原来是一把长剑！”

他们说的哪个是大象呢？都不是！但也都是！每个人形

容得都没错，不过，他们只是形容了自己摸到的那个部位。

有关“学习”这件事，人类也像盲人摸象一般研究了很多年。两千多年来，还有一些很聪明的哲学家和科学家，用自己的研究方法得到了不同的结论。每个都对，也不完全对。

现在的心理学家还在持续地认识“学习”这只大象，我们也要感谢以前的每一位学者，提供了一部分答案给我们。

这一章，我们就跟随六位“学习专家”，看看他们总结出的学习方法和规律。我们可以了解每个人的发现，作为自己学习方法的参照。

接下来，就让我们来认识其中的几位特别有贡献的教育心理学鼻祖吧！

心理学家给的高效学习法

1. 苏格拉底

第一位是两千多年前生活在古希腊的哲学家苏格拉底。苏格拉底认为，所有的智慧天生就在我们的骨子里，只是我们还不知道自己已经知道了。那如何让自己知道呢？就是要有个老师跟你对话，不断地问你问题，让你反思。在思辨的过程中，你就会越来越明白，然后突然“开窍”。他当时就用这个方法，让一个完全没有念过书的奴隶，学会了艰深的几何学概念。

难道所有我们该知道的知识，都已经在我们的脑袋里了？当然不是啦！不过苏格拉底所使用的思辨技巧——用自己已经知道的事情，来理解一个不知道的事情，也是一个很重要的学习技巧。包括你现在读的这本书，有很多内容是通过这个概念来设计的呢！

2. 艾宾浩斯

第二位是德国心理学家赫尔曼·艾宾浩斯。他研究的问题是：人为什么会忘记？但他研究的方法特别自虐。艾宾浩斯逼自己背书，而且还是去背一些很难背的生字。他这么做是为了观察自己会多快把这些字忘记。他甚至还把忘记的速度画成了一张图，叫“遗忘曲线”。

艾宾浩斯发现：我们一开始会忘得很快，基本上刚学的东西大部分会在一天之内忘记，但如果中途有复习的话，那保留的信息就会累积得越来越多。

为什么我们现在学校里有小考、月考、期中考、期末考，就是因为艾宾浩斯的发现。因为每隔一段时间考试，就是让人复习的最好理由啦！

因此，如果你想要有更好的学习效果，按照艾宾浩斯遗忘曲线，我们最应该进行复习的时间，就是学习了新知识的当天以及之后的两三天，因为那是我们忘记速度最快的时候。如果你在这段时间里能把握机会，做一些复习工作，而不是等到几个星期之后，要考试了再复习，你会发现整体的学习效果会好很多。

3. 桑代克

第三位“学习专家”是美国心理学家爱德华·桑代克。他先是观察各种动物，后来通过做实验，得出了一个结论：我们学习，是为了解决问题。我们每次碰到问题，就会尝试各种解决问题的方法，而我们找到了一个能够解决问题的方法后，就会记住它。

桑代克的理论很有道理，我们有许多生活习惯也是这么学来的。正因如此，针对数学、物理、化学这些你可能已经在学或未来要学的科目，往往要通过解题和做实验来帮助你学习，因为自己发现的方法，是最容易记得的。

如果你学的东西跟你的生活一点儿关系都没有，那又怎么能要求自己学得好呢？所以，尽量活学活用知识，避免“学非所用”，是我们作为学生以及身边的老师都应该要实践的原则。

4. 斯金纳

第四位“学习专家”是美国心理学家斯金纳。他对于学习的想法，与苏格拉底恰恰相反。他认为人来到世界上，什么都不知道，就像是一张白纸。我们所有的行为都是通过经验学习来的。这个过程很简单：你做了一件事，如果可以得到你想要的东西，你就会再一次做。但如果你做了一件事，受到了惩罚，那你未来可能就不会这么做。这就是学习的基本过程。

听起来很简单吧？用起来也很简单，很多老师和家长喜欢这个简单的方法：你做得好，我就给你奖励；你做得不好，我就给你惩罚。马戏团会表演的那些动物，也是用这个方法驯出来的。

给自己设定一些奖励和惩罚，的确能让我们更有学习的动力。但同时，我们也要知道，我们人不只是动物，所以也不能只用奖励和惩罚。

5. 皮亚杰

第五位是瑞士心理学家让·皮亚杰。他对心理学的贡献是发现人的大脑是一个会逐渐发展成熟的器官——越成熟，就越能够思考复杂抽象的事情。有些事情，很小的小孩没有办法理解，不只是因为他们听不懂，而是他们的大脑无法思考那么复杂的概念。

这个观念听起来好像没什么了不起，但在皮亚杰之前，人们觉得小孩子不是小孩，而是一个小大人，只不过缺乏了一些经验而已。

现在我们知道，每个年龄有每个年龄适合学习的东西。现在有很多家长希望孩子从小熟读四书五经，虽然勉强听得懂，背得下来，但字句之间比较抽象的概念和思想，对小孩子来说，还是超出了他们能够理解的范围。以前西方教育也偏好让孩子从小就饱读各种古典文学，但皮亚杰的研究让西方教育改变了这个观念。

6. 维谷斯基

第六位是苏联发展心理学家利维·维谷斯基。虽然他只活了三十七岁就去世了，但他在有生之年，对心理学做出了非常大的贡献。

他认为人最主要的学习方法，就是模仿身边其他人的行为。很多家长都能体会这个道理，孩子很少会按照家长说的方法去做，而是会模仿家长做的方法去做。所以我们常说："孩子就像是一面镜子，从他们的行为中，家长可以看到自己。"这个概念就是从维谷斯基的观点发展出来的。

他认为，最好的学习，是我们跟着父母或老师，或在与更熟练的同学互动之中，模仿他们并在他们的带领下而逐渐学会的。这就像一些老师傅跟徒弟说“你跟着我做，有一天，你也就会做了”是一样的意思。这个概念，也影响了同侪学习和外语学习。

六个学习原则

你已经认识了六位教育心理学的鼻祖，他们每一位都有自己的领悟，每个人都大声说：“原来学习是这样的！”现在，我们来总结一下他们带给我们的六个学习原则。

第一，学习需要靠思辨。不是光把课文背熟了，就能掌握知识。我们要跟别人推敲这个知识，才能够真正领悟。有个好方法，就是把你所学的东西想办法教会别人。把新知识教会别人，就是一个最好的思辨过程。

第二，还记得那个很难记得的心理学专家的名字叫什么吗？答案是：艾宾浩斯。如果你现在已经忘了的话，那就是被艾宾浩斯说中了！记住，忘记是很正常的，也因为这样，我们需要复习。如果在学习后的前三天内能够复习，哪怕只花一点点时间，记忆效果也是事半功倍的。

第三，自己想出来的答案，记得最清楚。所以平常在学习中，你可以尽量为自己设计一些考题。自己考自己，会比重复看课文有效得多。

第四，如果你需要动力，就给自己设计奖励和惩罚。例如，专心看完一本书，奖励自己玩半小时游戏。如果无法专心，就罚自己做二十个俯卧撑。重点不是后果，而是你能否让自己克服挑战。

第五，大脑是一个会发育的器官，所以要格外注意大脑的健康，让它能够好好发育。我们都想要长高，所以会吃有营养的食物，做适量的运动，保证充足的睡眠。好的作息习惯和健康的饮食习惯也会有利于大脑发育，让我们变得更聪明。

第六，我们不能只是自己努力念书，也应该找老师或专家，向他们学习。如果有学长、学姐能够帮助我们复习功课，或他们有很好的心态和习惯，我们也要跟他们多多学习。慎选朋友跟学习伙伴，在开心相处的同时，我们自己也会不知不觉地变得更好。

这些原则要如何应用到自己的学习过程中呢？

也许你可以给自己设计一套学习流程，或是跟父母亲一起想一些应用的方式，把知识融入生活。如果一口气实行很难，也可以试试分成六个星期，每个星期想办法把一个原则运用到自己的学习中，看看效果如何；然后再选择最喜欢、最适合自己的方法，将其培养成习惯。就像我一开始说的，每个学生都不同，每个学校都不同，每个家庭都不同，所以我们要找到最适合自己的方式。正如桑代克所说，用常识找到最好的方法，来解决自己的问题。

最后跟你分享我在网络上看到的一句名言：

“如果你不愿意学习，没有人能帮助你。但如果你有决心学习，没有人能阻止你！”

学习习惯对照表

我专门制作了一张学习习惯对照表，便于大家改进。请在下列表格中选择符合你的选项：

学习习惯	已经在做	计划要做
每天给自己固定的时间学习		
让自己有一个安静的学习空间		
学习时关闭手机、电视等让你分心的东西		
播放舒缓的背景音乐或关闭音频		

续表

学习习惯	已经在做	计划要做
采用适合你自己的学习风格		
学习一段时间后休息一下（如学习半小时休息五分钟）		
先从最难的题目开始学习，挑战自己		
用自己的话来简述复杂的概念		
定期复习你的笔记		
针对刚刚学习的内容，考一下自己的记忆		
在正学习的知识和已掌握的知识之间建立联系		
用有创意的方法把你学的知识串联起来		
定期做一些模拟考题		
用计划表或日程表来跟踪你的学习进度		
如果被什么问题难住了，寻求他人帮助		
完成一个学习阶段后，给自己一点儿奖励		
总计		

想要尽力养成最佳的学习习惯，就要努力把“已经在做”这一栏都填满。所以从“计划要做”中挑出一两项，在学习中尝试一下吧。

就算只改善其中一两个学习习惯，你也可能很快在考试成绩中看到成效。这就是养成良好学习习惯的意义所在。

第十二章

自我管理的好习惯

你有没有大清早被父母说过“几点了还不起床”，晚上再被说“几点了怎么还不睡”？有没有一直拖到后天就要考试了，才翻开书开始熬夜猛读？

我们都知道养成好习惯，能让我们从容不迫地去做事情，不会火烧屁股了才发现自己什么都没做。

但更多的现实情况却是，我们发现自己很难坚持好习惯。为什么呢？是意志力不够吗？还是生活中的诱惑太多，让你轻易分心？

这一章，就让我们来探讨习惯。

人为什么会有习惯？

先问你几个问题。

第一，你有没有一个好习惯呢？就是在生活中，你已经养成了，不需要别人督促也会主动做的那种好习惯？

第二，你有什么坏习惯吗？

第三，你有没有一个想要培养的习惯呢？

每个人都有许多生活习惯，例如起床后、睡觉前、什么时候吃东西、放学回家走的路线等。据统计，人在一天当中大约百分之四十的行为属于“习惯行为”。

例如，刷牙就是一套习惯动作，无论你先刷左边再刷右边，还是先刷门牙再刷臼齿，一旦你养成了习惯，就很难改了。如果让你换只手刷牙，或是换个顺序刷牙，你就会觉得很不自然。

那为什么人会养成习惯呢?

美国心理学家爱德华·桑代克做了一个实验，他给猫咪设计了一个“密室脱逃”装置，从中发现了习惯的理论基础。

桑代克把猫咪放进一个密闭的黑箱子里。猫咪不喜欢被困在箱子里，就开始找出口。箱子里有个机关，是一根杠杆，只要拨开那个杠杆，箱子就会打开。有些猫咪不小心拨开杠杆，就跑出来了。

这时候，桑代克又把那只猫放回箱子里。他发现，反复几次之后，猫就会逐渐掌握这个诀窍，去拨开那根杠杆。经过二三十次练习后，任何一只猫都能在六秒内快速逃脱，而且，把它们放进别的箱子里，它们第一时间就会去找机关在哪里。

桑代克说：当猫咪发现一个解决问题的方法，并且重复几次都能解决同样的问题，那套行为就会逐渐成为习惯。无论是猫，是狗还是人，道理都一样。

黑箱中的猫咪遇到的问题是什么呢？它被困住了，想要获得自由。

那它发现的方法是什么呢？拨开杠杆。

有人教它吗？没有，它是自己发现的。但重复几次之后，猫咪就学到了诀窍，变成了习惯。

人也一样，很多习惯也就是这么养成的。

举个例子，你有没有感到受困，想要离开一个地方，想要获得自由的时候？

想象一下，周末到了，但父母不准你出去玩，命令你一定要待在房间里，直到做完功课。虽然门没有上锁，但你心里很烦，和被困住的感觉也差不多。

然后，你发现抽屉里有一本漫画书，打开一看，是你喜欢的搞笑漫画，然后你开始看漫画，那种不耐烦和闷闷不乐的感觉就消失了！

你遇到的问题是什么？父母不让出门，心里闷闷不乐。

你发现的解决方法是什么？看漫画书。

当下次你自己在房间里面对枯燥的功课时，你觉得自己最想要做什么事呢？是不是看漫画书？

这种状况重复多次之后，闷闷不乐的受困感觉，就可能跟看漫画书联结在一起，一个是问题，一个是答案。

这就是桑代克的理论——联结主义。

后来，心理学者在此基础上继续研究，发展出了一套“习惯回路”的理论。

习惯回路的四元素

习惯回路包括四个元素：提示、需求、行为、奖励。

第一个元素：提示。当你在房间里准备做功课的时候，房间的环境和那些功课，就是你的提示。

我们被环境或是一个情形提示的时候，会想起自己的需求。需求就是第二个元素。

你的需求是什么呢？是做完功课吗？不是，虽然你被要求做完功课，但你的需求其实是解决自己待在房间里面的苦闷。

提示加上需求，就会启动第三个元素——行为，拿出藏在抽屉里的漫画书。

如果这个行为能够满足你的需求，那这个行为就会带来奖励——这是习惯回路的第四个元素。

为什么好习惯难坚持，坏习惯易养成?

我们的大脑有理性的一面，会考虑做事情的后果。

但同时，也有凭感觉做决定的一面。这个感觉不会考虑后果，有什么事情能够立刻解决问题就是最好的!

一个奖励越是快速出现，越能快速解决感觉问题，也就越能够跟行为绑在一起，越容易使你形成习惯。

为什么好习惯那么难坚持，坏习惯却是那么容易养成呢?关键就在这里!

你想想，所有的坏习惯都有个特点：它们提供了即刻的奖励。刷手机，能立即解闷；打游戏，能立即提供乐趣，让你忘却烦恼；大人抽烟喝酒，是因为他们觉得这样能让自己立刻放松(其实这是个假象，但久而久之也就成为习惯了)。

相较于坏习惯，好习惯有什么特点呢?它们的奖励都是很远之后才会出现，例如，做功课、练琴、背单词……这些行为当下不会有任何奖励，反而还蛮痛苦的！要等到很久以后，你的努力才会有收获，才会有奖励。

现在，请你想想自己的一些坏习惯，以及你想要培养的好习惯。

你能够讲出你的“提示”“需求”“行为”和“奖励”分别是什么吗?

你有没有发现，坏习惯的确是因为有快速的奖励，所以特别容易养成，而好习惯因为奖励没办法立刻看到，所以很难养成呢？

你理解了这个道理，就可以开始分析自己的行为，这样就更容易培养出自己的好习惯了！

养成好习惯的三个技巧

最后，跟你分享三个建议。

第一，给自己设一个明确的提示。

你想要培养一个习惯时，就给自己设定一个专门的提示来做那件事。提示可以是一个环境或者一个物品。

举个例子，有人有失眠的问题。睡眠专家建议，不要在卧室里看电视，不要在卧室里玩耍，因为那会让卧室的环境（提示）无法跟睡眠联结在一起。

否则，次数多了，你走进卧室，会想看电视，想玩耍，反而不会想睡觉。如果要让自己睡得更好，在卧室里就应该只做一件事——睡觉。

设定明确的提示，也可以跟时间绑在一起。例如，你每天都在同一个时间去图书馆读书，坚持一段时间之后，时间到了，你就会觉得应该去图书馆。

让时间和地点做联结，让地点和行为做联结，越是直接的联结越好。

第二，减少行为的任何阻碍。行为越是容易做，就越容易维持。

举一个我自己的例子。我曾经参加“铁人三项”的运动比赛，为了训练，我要很早起床，出门跑步、骑车、游泳。一开始，我发现很难培养这个习惯，问题出在起床后，我要找运动服装，要装水壶，要热身，结果很容易拖时间。

于是，我调整成前一天晚上先把运动服装整理好，放在客厅，起床之后先离开卧室，在客厅里快速换好衣服，穿上前一天晚上已经放在门口的跑鞋，拿起前一天晚上已经装好的水壶，就出门了！这大大改善了我的习惯。

同样，如果你每次要去图书馆之前还要收拾书包，可能收拾到一半就不想去了。所以先把东西收拾好，时间一到，拿了就走，减少所有行为中可能碰到的阻碍，这个习惯就会更容易养成。

第三，给自己设定一个奖励，让习惯回路能有始有终。

如果你喜欢看电视剧，那就专心念书两小时，奖励自己看一集电视剧。但是，你绝对不能作弊，不然这个回路会行不通。只有专心念书两小时之后，才能看剧，让行为与奖励牢牢地联结在一起！你需要跟自己定好这个约定，这才是真正的自律。

跟你分享一个很有趣的小知识。

最早期的牙膏，是没什么味道的，那时候人们也没有天天刷牙的习惯。但后来，牙膏商人发现，在牙膏里加了薄荷味道之后，人们更愿意天天刷牙了！为什么呢？因为薄荷会让你刷完牙之后，嘴巴里留有清香干净的感觉，而这种感觉让刷牙的行为有明确的完成感，很多人也会开始期待这种感觉，这种感受本身就成了一种奖励。

让行为有始有终，完成时有一个明确的完成感，并给自己一个奖励。因为行为获得好感，就更容易产生习惯回路了。

请记住，所有的习惯都是累积下来的，所以你一定要重复做，天天做，最好是天天在同一个时间做，更加理想的是天天在同一个时间、同一个地点做。

也希望你可以跟家长沟通，一起设计出你想要培养的好习惯。一开始，可能需要做很多调整，也会有一些失败。但相信自己，这些都是优化的过程。渐渐地，你会找到最好的方法。你会发现，自我管理其实没那么困难。

真正的自律，不只是靠意志力，还要靠聪明的设计。

第五部分

是谁惊扰了你的春天

第十三章

让人忧心又暖心的朋友

你也许有过这样的经历：一个你原本认为很要好的朋友，竟然约了别人出去玩，而没有约你；或是你很期待见到的一个朋友，终于见面了，他却只跟别人玩，对你非常冷淡。那时你会是什么心情呢？一定很沮丧，感觉很受伤吧？

友情带给我们笑容，有时也带来泪水，但无论如何，交朋友是必要的，每个人都需要朋友。

所以在这一章，我将着重分享“如何当个好朋友”。

年龄不同，朋友不同

从小到大，随着年龄的增长，我们交朋友的方式也一直在改变。

现在的你，看着一群两三岁的弟弟妹妹在一起玩耍，会觉得他们哪像朋友啊，好像都没什么互动！没错，幼儿时期的小朋友虽然会注意到同伴，但往往只是在同一个空间里各玩各的。这时候，他们的行为比较以自我为中心，所以常常会看到小朋友们抢玩具的场景，听到被抢玩具的孩子号啕大哭。

到了四五岁，大家都比较懂事了，开始学会分享，学会公平。这时候我们也会开始说，某某是我的朋友，但对朋友的定义，也就是我常跟他一起玩，常常玩在一起的，就算是朋友。我们开始有自己特别喜欢的玩伴，但跟朋友也最容易吵架，往往玩着玩着，意见不合就翻脸了。

这些争执发生得快，结束也快，前一秒两人都在哭，一转眼又和好了。其间的摩擦，也正是我们开始学习如何化解冲突的时候。

再大一点儿，我们进入小学。这时候，朋友不只是玩伴，我们会有更多的时间彼此交流，例如什么音乐流行，什么电影好看……这时候的我们，会开始找相似的人交朋友，例如一样爱看书，一样爱踢足球，或个性上差不多一样文静或一样外向的。

到了四五年级，朋友之间开始发展出共同的语言，比如共同的笑话梗或者暗号。这时候也会有很明显的“我们”和“别人”的意识出现，朋友之间也会出现八卦。

当我们小学毕业，进入中学，迈入青少年时期，这时候朋友变得非常重要。心理层面，我们开始向外去寻找自己，而朋友则是让我们认识外面世界的重要伙伴。

于是，我们会开始跟朋友说一些不会跟家人说的事情，包括内心的感觉和私密的事情。我们一起摸索，一起成长，一起彼此分享生活中的喜怒哀乐。这时候交的朋友，可能更会影响我们对生活的看法和价值观。

所以大人总是让我们慎选朋友，也是希望我们这个时期交的朋友能够让我们互相帮助，一起进步。

友情的三大基本要素

如何当个好朋友呢？你可能听过诚实、善良、忠诚等词，但那些都是道德跟价值观的问题。心理学家来研究友情的时候，其实比较“无情”。

不管是好朋友还是坏朋友，只要能够成为朋友的，心理学家就观察并分析，看看两人能够成为朋友，有哪些必须要有的元素。

心理学家经过研究发现，有以下三大基本要素。

第一，许多相处时间。

相处时间越久，友情越深，不可能只花一点点时间，就指望一个人跟你有深刻的友情。这的确是友情的定律。

友情，需要时间来培养。

第二，共享美好的感觉。

虽说朋友能同甘共苦，但“甘”绝对要大于“苦”。所以朋友会常常聚在一起吃饭，看电影，玩游戏，跳舞，听音乐……这些事情都能产生美好的感觉，而这种一起经历的好感，也是友情的关键要素。

第三，互相帮助。

真正的朋友，要看你需要他的时候，他是否会来帮助你。这不是说朋友一定要随传随到，或是勉强自己做一些违背良心的事，但愿意帮助对方的人，会更容易维持友情。

如果友情过于单向，只有一个人对另一个人好，却一直没有得到回报，这种友情迟早会淡化。

相处时间、美好的感觉、帮助彼此——这就是心理学家发现的三个最基本，也最关键的友情要素。

想想你的任何一个朋友，如果根据这三个标准，给他打个分数，会是几分呢？

如果你打的三个分数都很高，你的朋友也同样这么认为，那你们真可以说是好朋友了。

猜猜看，一个人平均会有几个真正的好朋友？

平均来说，只有五个！

所以，朋友真的要慎选，因为真正的友情要投入很多相处的时间，而我们一天只有二十四小时，所以好朋友当然就多不了。

这三个基本要素，也能帮助我们理解为什么有些时候朋友会逐渐疏远，友情会逐渐淡化或变质。

比如你跟一个同班同学是好朋友，但后来你们分班了，不再一起上课了。你一直很想念他，他也很想念你。

后来，他在班上交了新的朋友。一天，当你下课见到他跟新的朋友玩，你会不会很伤心呢？

同样，假如是你先交了新朋友，新朋友跟你有很多共同兴趣，有很多话聊，又在同一个班。一天下课时，你原来的好朋友来找你，看到你跟新的朋友玩，会不会也不开心呢？

友情是会改变的。虽然我们很珍惜彼此的友情，觉得我们一辈子都会是最好的朋友，但友情是需要不断维持的，就像盆栽一样，需要定期浇水，换土，施肥，才能让它维持茂盛。

维持友情的六个方法

那友情靠什么维持呢？

许多的相处时间，共享美好的感觉，以及对彼此的帮助。

我再给你几个建议，帮助你更轻松地交到好朋友。

一、邀请。

邀请朋友与你一起打球，看书，看电影，或者来家里玩。无论是休闲还是做跟学校有关的课业，一起做事情，就是增加相处时间，就有助于加深彼此的友情。

二、微笑。

好朋友在一起，一定有许多欢笑！当你每次见到一个人，他都笑眯眯的，让你充满了好感，你会不会更想要跟他交朋友？所以，如果你想要交朋友，一定要学会微笑。

我知道很多同学，尤其是男生，会喜欢装酷，觉得那样才帅，但是即便是最酷的人，对朋友也是会露出笑容的。

三、分享。

好朋友不只是分享点心和玩具，也分享自己的心情，分享故事，分享看法。朋友就要在分享之中了解彼此，让友情变得更深。

四、为他开心。

当他赢得比赛而得奖，考试考好了，你要由衷地恭喜他，为他开心。虽然这跟你可能没有关系，但既然你的好朋友高兴，就跟他一起高兴吧！

当然，你也要考虑到其他人的感受，不要因为打球赢了，就一起嘲笑输的那一队，或是去讲其他人坏话。

五、帮助他。

如果你乐于帮助别人，那你在生活中绝对不缺朋友。

我刚移民去美国的时候，完全不会说英文，跟班上同学交流就像鸡同鸭讲，但是我没有被“霸凌”，反而很快交了许多朋友，就是因为我乐于把我会的事情教给大家，例如折纸，例如数学，我比那些美国同学强多了，所以他们都来问我，我也就用我的“破烂”英文帮他们。他们也都很乐意教我英文，我们就成为朋友了。

记住，能够彼此帮助的朋友，更容易成为真正的好朋友。

六、沟通。

朋友之间，难免会有一些摩擦，有一些不开心的时候。这时候，你需要找对方沟通，分享自己的心情，不要一开口就怪人家。

朋友听到你说自己不开心时，一般会问怎么了，这时候你就可以叙述自己的想法，再听听对方怎么说。沟通之后，也许会发现其实只是一场误会。即便不是，你能够直接勇敢地说出来，也总比闷在心里好。

以上关于友情的三个要素和六个建议，无论什么年龄都适用。我也用同样的方式交朋友，并常常提醒自己：工作再忙，都要留时间跟朋友相处，共享美好时光，并且给彼此支持和帮助。

有时候朋友会争执，有时候友情会淡化，这都是我们成长的过程。我们一直都在学习如何当个更好的朋友，同时也在寻找那些真正可以交往一辈子的挚友。

真正的好友得来不易，所以我们都要特别珍惜。

第十四章

爸妈的世界，你了解吗？

亲情是什么？是我们与家人之间的感情。

家庭有很多种，虽然有些文化对家庭的定义与我们不同，但有几件事情是确定的：你今天存在于这个世界上，你一定有爸爸和妈妈。你能够长大到现在，也一定是有人在照顾你，可能是你的父母，也可能是其他家人。

因为他们照顾你，你一定会对他们充满爱，但当他们惩罚你或是限制你的时候，你也会对他们有不好的感觉。这些感觉很复杂，但都是亲情中的一部分。

一个家庭里会有很多欢笑，也会有一些泪水，但大家到最后还是爱彼此的，这就是亲情。

哈洛的母爱剥夺实验

亲情究竟来自哪里呢？

有一位心理学家曾经通过实验，对宝宝与母亲的关系做了细致入微的观察。他的发现，也影响了后来的心理学家怎么看待亲情，只不过他的研究对象不是人，而是猴子。

这位心理学家的名字叫哈洛。

他先把几只小猴子，从刚出生的那一刻就与它们的母亲隔离。

这些小猴子的笼子里，有两个东西可以替代母亲：一个是用木头和铁丝做的模型，这个模型能够提供奶水；另一个则是表面毛茸茸的模型，还装了一个假的猴子头，不过这个模型没有奶水。

你猜，小猴子会选那个有奶水的模型替代母亲，还是选那个毛茸茸但没有奶水的模型呢？

答案是：毛茸茸但没有奶水的模型。

小猴子整天都紧紧抱着那个毛茸茸的模型替代母亲。虽然需要喝奶的时候，它会去用木头和铁丝做的模型那里喝，但喝完了就马上跑到替代母亲身边。

而且，如果小猴子受到惊吓，它不管多饿，也不会离开毛茸茸的替代母亲。

这个结果推翻了当时社会的观念。在当时，也就是差不多七十年前，有一些心理学家认为，母亲的作用就是提供给孩子奶水和食物，所有其他的行为都是多余的。甚至有些心理学家认为，给孩子太多拥抱，反而会宠坏孩子。

现在我们知道，这些都是不正确的。

事实上，我们还是宝宝的时候，除了吃喝需要大人照顾之外，也非常需要他们的拥抱。我们需要感觉到他们的体温、他们的亲近，这让我们感到安全。

那些只有一个模型当替代母亲的可怜小猴子，少了那种真的母亲带给它们的温暖和安全感，长大之后，都变得很胆小。在一群猴子中间，这些从小没有母亲的猴子常常缩在角落里，不敢加入群体中。

哈洛还让一些小猴子从小就跟它们的母亲长大，但不让它们接触其他猴子。他发现这群“妈宝”猴子长大以后，遇见了其他猴子，要不就躲避它们，要不就攻击它们，它们不懂得怎么跟其他猴子相处。

从这里我们知道：没有母亲很不好，但当个“妈宝”也不好。

我们的父母除了照顾我们，给我们安全感之外，也会教我们如何与其他同伴相处。当我们还小不太会说话的时候，我们会通过父母与我们相处的方式以及他们给我们的感受，来学会怎么面对陌生人以及外面的世界。这个观念，在心理学上叫“依附理论”。

依附理论告诉我们：小时候，我们越是能够感到安全、感到父母的爱，我们在未来越容易勇敢去探索世界，也越能够爱别人，这就是一个良性循环。

当我们再长大一点儿，父母就会教育我们，教我们什么是好的行为，什么是不好的行为，看到叔叔阿姨要打招呼，拿到礼物要说谢谢，这些都是人与人之间相处的规矩。当我们学会了这个社会的规矩，大人就会说我们“懂事”了。

父母照顾我们，给我们安全感，让我们能勇敢探索世界，并且教我们怎么跟别人相处，为我们进入社会做好准备。我们长大以后，也还是与他们有密切的关系，还是会受到他们的影响。

大人的事好像很难懂?

讲到“长大”，你会不会有时候觉得大人的事好像很难懂？有时候你也会看到父母不开心，虽然你听不懂他们在讲什么，但通过语气和表情，也能知道他们可能彼此在生气。这时候你该怎么办呢？

父母虽然爱彼此，但住在一起，有时还是会有争执，这是正常的。原因可能有很多种，也许是有关谁做家务这种鸡毛蒜皮的小事，也许是有关家里的重大决定。

有些父母会用很平静的方式来解决冲突，但有些会习惯吵架。当家人吵架的时候，作为孩子会很担心，尤其听到父母大声地说愤怒的话，心里会很害怕。如果父母因为生气而冷战，那种感觉也很不舒服。

你也可能会担心，父母吵架，是不是表示他们不爱彼此了？他们会不会离婚？

未必。有些时候，父母只是压力大了，不那么冷静。就像孩子一样，父母很不开心的时候，也可能会哭，会说出一些重话，这只是他们释放压力的一种方式，这跟你没有关系。

有时候，我们可能觉得父母吵架跟我们有关。如果你认为他们吵架是你造成的，那感觉真的很糟。但是，我想告诉你：父母的行为绝对不是你的错，这点你一定要记住。

碰到父母彼此争执的时候，你最好的方法就是自己先离开现场。不要站在他们中间，也不要选择支持任何一方。如果父母要你说出谁是对的，就跟他们说："我不想站队。"回到你的房间，关上门，找一件事情做。你可以找本书看，也可以戴上耳机听听你喜欢的音乐，分散自己的注意力，不要去听外面的争吵。

记住，大人之间的争执，需要大人自己来处理。如果你觉得他们吵得太过火了，比如有人开始动手摔东西，或推人、打人，那时候，你可能要让别的成年人知道。如果这种事情常发生的话，你需要找你信任的其他成年人，或告诉学校的老师，请他们来帮助你。

通常事情不会那么糟，家人互相发脾气，吵一吵，气消了，家里又会回到正常状态。

父母吵架，你可以做什么？

天下没有一个家庭是完美的。即使看起来最幸福的家庭，也偶尔会有摩擦。发生摩擦没关系，只要有爱、沟通和理解，一家人几乎可以解决任何问题。当问题解决了，大家关系会变好，彼此之间的感情还会更深。

所以，请一定记住：家人的争执，不是你的错。发生矛盾时，有些人会吵架，有些人会争辩，有些人会坐下来好好讨论。这些沟通的方式，是每个人从过去的经验得来的，是一种习惯，跟你并没有关系。

我们都希望自己可以更好，也希望自己的家庭可以更有爱。你有机会的时候，可以抱一抱你的父母，跟他们说："谢谢你，我爱你。"如果他们问你要谢的是什么，你可以直接说"所有的一切"。

是啊，家庭就是我们最亲密的小世界。亲情，也就是一切。

第十五章

可以做一个特立独行的人吗？

跟大家不一样，就是不合群？

上小学二年级的时候，我最大的爱好就是收藏恐龙卡片。

每次，我去家附近的杂货店买一包口香糖，口香糖里都会附赠一张恐龙卡片。每一包里的卡片都不同，所以还要看运气。

其实我根本不喜欢吃口香糖，买它只是为了里面那张卡片，而且，只要得到了比较稀有的卡片，我就会带去学校跟朋友们炫耀。

“哇！好羡慕你啊！”同学们会说。大家都在收集恐龙卡片，我有他们没有的卡片，这时候我就觉得自己很有面子。

后来，我移民去了美国，那里的孩子不收集恐龙卡片，而是收集棒球卡片，上面印了美国大联盟职业棒球员的照片，背面是球员的各种数据，比如击球率、本垒打次数等。

你觉得我——一个英文很差的小孩——会拿出我的恐龙卡片去给那些外国同学看吗？不会，一次都没有！

我反而跟美国同学一样，去收集棒球卡片了。当时我连棒球还看不懂，就跟着同学们一起去买棒球卡片，讨论棒球卡片，同样感觉超酷。

而那些恐龙卡片呢，曾经花了我不知道多少零用钱和时间，是我生活中最重要的一部分，竟然从此被打入冷宫，收在纸箱里，再也没见过天日。

每次想到这件事，我都会觉得好可惜，好浪费，禁不住不断提醒自己：从众心理，对我们的影响可真大！

为什么有人喜欢跟风？

无论我们有没有觉得受到同伴的影响，一群朋友一起相处，就势必会影响彼此。这是非常正常的，也是基本的人性。

也许你跟同学一起做功课，学会了一个新的解题方法，或是有个同学在操场上教你一个很酷的球技；也许有个朋友的个性特别好，你很欣赏他，想要变得更像他，或者另外一个朋友介绍了一个很棒的乐团，你很爱他们的音乐，介绍给你的同学，现在你们全班都爱上了这个乐团，还会一起练舞步……这都是同伴们互相影响的力量。

但有些时候，同伴会带来负面的影响。例如，几个同学叫你跟他们一起逃学，或怂恿你去便利店里偷东西，或者跟你讲不要跟某某人做朋友，甚至还逼你联手“霸凌”他。

当然，我们都希望自己受到的影响是好的，不是坏的。所以在这一章里，我除了为你介绍“从众心理”之外，更重要的是给你几个建议帮助你拒绝别人，以应对你未来被怂恿做一些你不想做的事情的状况。

我们常常会屈服于同伴的压力，别人都在做，我们也不得不跟着一起做。这里面有几种不同的心理原因。

有些人想要被别人喜欢，被别人接受，他们害怕如果不跟着大家做的话，其他人就会笑他们。

有些孩子禁不住诱惑，看到同伴做什么，就会很好奇，也想要跟着去尝试。

而有时候光是听到一句“大家都这样”就已经是足够的理由了。

有趣的从众实验

跟你讲一个很有趣的实验。

你搭电梯的时候，每次走进电梯之后，就会转身面对门的方向，是吧？

有一个实验，让一个不知情的人搭电梯，然后每一层楼搭电梯的其他人都商量好，一上电梯就面对后面的墙壁。

一开始，那个面对门的人不会有什么反应，但当电梯里面的人越来越多，而且大家都面对墙壁的时候，那个人后来也忍不住跟着大家一样转身面对墙壁，因为他不想自己成为那个唯一不同的人。

从电视上看这些画面很搞笑，像是恶作剧一样，因为你知道电梯里只有一个人不知情，但他看起来实在是很困惑，一边东张西望，一边还是忍不住跟着大家做同样的动作。

心理学家发现，从众压力竟然是人类最强的心理压力之一！

不合群是非常痛苦的！这跟个性也有关系。有些人的个性比较随和，不喜欢冲突，希望大家都可以好好相处。这种人会比较容易从众。

从众不一定是坏事，好朋友的相处往往会让彼此进步。当然，如果这种人遇上了坏朋友，那就更麻烦，他会更难拒绝负面影响。

另外，文化也会影响我们的从众心理。

每个国家的文化与其他国家都会有些不同，就像人的个性会不同。例如，西方的文化比较强调“自我”，东方的文化则是比较强调“集体”。

自我意识文化的人会这么说：“自己好，大家才能够好。”集体意识文化的人则会这么说：“大家好，自己才能够好。”你觉得哪一种文化里的人会比较愿意从众呢？当然是“集体意识文化”的人，所以我们会说“众志成城，万众一心”，意思就是：我们一起，同心协力，把这件事做好。而“自我意识文化”的人，会特别崇尚个人英雄主义，你看很多好莱坞大片里，是不是一个人单枪匹马就把所有问题都解决了？

不想跟风，如何守住原则？

从众，不一定是坏事，跟随流行，也是正常的行为。但是，如果从众的压力让你不舒服，当你的朋友们要你跟他们去做一些你不认可的事情，或者你追星追到学习的动力都没有了，那就不好了。这时候，该怎么办呢？

跟你的朋友们说“不”的确会很尴尬，很不舒服，但是你可以这样做。

首先，你要能够分辨事情的对错，也要能想到做一件事情的后果。如果你知道跟朋友们去便利店里偷东西是不对的，后果也会很糟糕，那你就必须站稳脚跟，甚至直接离开现场。

如果朋友们怂恿你，问你“为什么不这么做”，你可以说：“因为我爸妈告诉我不能这么做。”当然，如果你那么回答，坏朋友们可能就笑你长不大。我有个更好的回答方式，虽然需要一些勇气，但会显示你很成熟。你可以直接说“我不偷东西”。讲的时候要坚定，不用多做解释。

是对是错，其实大家心里都有数，所以要坚持自己的原则。无论如何，你一定要对得起自己。

另外，如果能找到另一个愿意跟你一样说“不”的朋友，会很有帮助。在之前提到的从众实验中，只要电梯里有另外一个人也不面向墙壁，原本的那个人也就不会转身面对墙壁。

有一个能站在你这一边的同伴，会让你们两人都更容易抵抗从众压力。

大人们总是会叮嘱我们要慎选朋友，他们其实是对的。如果你的好朋友们不逃学、不抽烟、不作弊的话，你也比较不会做出这些行为。

如果你持续面临一些坏朋友的压力，自己感到很为难的话，我建议你找个大人来聊聊，比如学校的辅导老师或是你信任的长辈。不要因为你曾经犯过一两次错，而因此不敢告诉大人。

即便我们以前做错了，也可以重新开始，不要让自己因为内疚一直错下去。如果身边有一些能够理解你的大人，也可以帮助你面对这些同伴给你的压力。

从众不是错，只要注意不要让自己跟着大家一起犯错！你自己心里要有一把尺，知道什么是对的，这把尺就叫“原则”。

一个有原则的人，即便不合群，也会受人尊敬。

第十六章

同理心：懂自己，懂别人

同理心：站在对方的角度思考

在说这三个字之前，我先分享一个故事。

有一年暑假，我带着家人到美国佛罗里达州的奥兰多市度假。奥兰多有迪士尼乐园、环球影城、海洋公园，还有好几个水上乐园，是一个游玩的天堂，我们全家都很期待去那边度假。

但是，我们到达纽约的机场，准备坐飞机去佛罗里达州的时候，一踏进大厅就看到人山人海，柜台前的队伍已经可以绕大厅好几圈！

因为当地前几天有暴风雨，飞机班次大乱，没想到还没解决。我们只好拉着行李排队，并祈祷能顺利赶上飞机，不然如果错过了班机，是否能安排上下一班都会有困难。

两个小时之后，我们还在排队，柜台离我们还有一段距离。

不只我们着急，其他乘客等了那么久，也都快受不了了。几位航空公司的工作人员在维持秩序，面对着许多很情绪化的乘客，他们看起来都很疲惫。

我听到排在前面的一位大叔对工作人员大喊："我赶不上飞机，你们要负责啊！现在把你的主管叫过来！"工作人员无能为力，只能不断道歉，我当时也很心疼这些辛苦的工作人员。

后来，那个工作人员走到我们旁边，我对她微笑了一下，说："你一定等不及下班回家泡个热水澡吧！"

她原本以为我也要跟她抱怨，没想到听到这么一句，愣了一下，然后笑着说："天哪！我要边泡澡，边吃一大桶冰激凌！"

这时，她比起几分钟前的疲惫丧气看起来有了精神，也友善了很多。

我说："你们这两天真是辛苦了！"

她说："谢谢，我们尽力了。"

然后，我继续用平静的口吻跟她说："我和我的孩子们真的很困扰，班机再过不到三十分钟就要起飞了，他们期待许久的迪士尼乐园说不定今天到不了了！你建议我们怎么办呢？"

她看了一下我和我的孩子，带我们到一个柜台，跟她的同事说："嘿！他们快赶不上飞机了，先帮他们办一下！"

因为她的帮忙，我们一家真的在最后时刻成功登上了飞机！

在飞机上，看着孩子们开心的微笑，我回想这匆忙的过程。

为什么我能够获得那位工作人员额外的帮助呢？因为我们彼此都有“同理心”。

同理心——这三个字，就是心理学的核心宝典。

想想，那位工作人员如果没有同理心，不能体会我心中焦急的感受，可能也会冷漠地让我们继续排这条长长的队伍，那我们真的就没办法赶上飞机，没办法当天到达迪士尼乐园了。

同时，如果我没有同理心，不能换位思考，不能理解这位工作人员的辛苦，也像前面那位大叔一样大喊大闹，你觉得她会听我的诉求吗？会带我们去另外一个柜台，请同事帮忙吗？

在这个过程中，我们都运用了自己的同理心，去体谅、理解彼此，所以才让这趟旅程有惊无险，创造了美好的回忆。

通过这次亲身经历，我想跟你说，对我来说，学心理学的最大帮助，是让我们在更加了解自己的同时，也与身边的人建立更好的关系。

“把你的脚塞进别人的鞋子里”

在这最后一章，我想跟你聊的就是同理心，它是人与人建立联结最重要的概念之一！

英文有句俗语“Put yourself in the other person’s shoes”，直译成中文是：把你的脚塞进别人的鞋子里。这是一个有关同理心的非常贴切的比喻，意思是舍身处地为别人着想。

每个人的生活都不一样，我们可以把每个人的生活烦恼和负担想成各自独一无二的一双鞋。

假如你现在穿的是很轻松的运动鞋，跑五百米对你来说易如反掌，但如果另一个人穿了一双很重的钢铁鞋，走五百米就已经汗流浃背气喘吁吁了，要他跑起来，不就虚脱了？

一个富有同理心的人，懂得从对方的角度去理解他的感受，并且不随意批评别人。而没有同理心的人，会一味地从自己的立场解读身边发生的事，难以体谅别人的难处，也会时常批判其他人在做的事情。

一个缺乏同理心的人，如果搭电梯时被一个行动不便的残障人士挡住，他心里会想：怎么这么倒霉？碰到这种人，慢吞吞的！说不定他还会说出自己心中的不悦：“请你快一点儿好不好？不然不要在大家赶时间的时候出来！”

但有同理心的人，能将心比心地体会残障人士的不便，他也可以了解，这位残障人士知道自己让后面人等待的时候，心里会很着急，所以会主动说：“没关系，你慢慢来，注意安全！”说不定还会帮他按着电梯门，协助他上电梯。

他会这么做，不只因为大人教他要尊重残障人士，要有礼貌，而且缘于他能够换位思考，能够理解对方的感觉和需求。

“同理”大部分是从倾听开始，我们通过专心倾听，才能静下心去体会对方真正的心情与感受。

比如，有个成绩优异的同学，她最好的朋友移民到国外去了，从那天开始，她就垂头丧气，有时候连午餐都吃不下，成绩也开始退步。其他同学就跟她说：“别伤心啦！你这样成绩都退步了。”

但你看见她情绪很低落，就走到她身边，陪她聊天。因为你有同理心，能想象如果自己最好的朋友离开了，你也一定会很难过。但为什么会对她有这么大影响呢？后来，她终于有一天肯跟你说。

这时你才了解真正的原因：原来除了思念好朋友之外，以前放学后，她都是先到那位好朋友家一起做功课，因为自己家里的状况不好，她不方便那么早回家。

了解到她的困难后，你也想出了一个帮助她的方法：你邀请她放学后到你家一起做功课。因为你的陪伴和同理心，她的情绪得到了真正的平复，生活也回归平稳，而你也多了一个交心的好朋友，有时候她还可以帮你复习一些功课，最后你们两个人都进步了。

这个故事是我身边的一个学生与我分享的。我觉得她实在很善良，很有同理心，她的父母也很开明，能支持她帮助自己的同学。

其实，人大多数时候都是愿意帮助别人的。也许，在生活中，我们各自为自己的生活努力，但内心深处还是渴望与人建立更紧密的联结。

心理学家发现，人类都有“为他人着想”的本质，从小婴儿身上就能看见这个特质。小宝宝可能还不太会说话，但看到妈妈在掉眼泪，也会感受到妈妈的情绪，爬到妈妈身边摸摸妈妈，看看妈妈发生了什么事。

正如我们前面提过的马斯洛需求金字塔，与人联结、形成归属感是人类的基本需求之一，而同理心正是建立紧密联结的重要因素。

愿你能欣赏生活的美好

读完这本书，希望大家都能理解：同理心是一个人很宝贵，也很需要培养和锻炼的能力。同理心与生活紧密联系，我们随时都可以换位思考，为他人着想。

早晨起床时，以前我们可能先抱怨，甚至起床气一来，连早餐都不吃。但现在可以试着去想想，父母为了准备早餐，要比我们更早起床。换位思考一下，你就可以感受他们的辛苦和心意。

在学校里，同学去买东西时顺便为我们从小商店带了瓶饮料，我们可以想象他从教室走到小商店，为了多拿瓶饮料穿越人群，还有结账多花的时间等。换位思考一下，你会发现自己对朋友说的那声“谢谢”，语气更真诚了。

说到感谢，别忘了前面我们提到的，用每天睡前的五分钟感恩一天内的三件事情，让自己更乐观。

同理心，让我们面对生活中大大小小的事情时游刃有余。

好了，在这本书中，我们讲了很多心理学知识。这些知识看起来五花八门，但其实都回归到一个重点——了解自己和他人，让你更懂得换位思考，成为一个有同理心、善解人意的人，做个让人舒服的共情高手。

最后，祝福你，希望你能够通过这本书，继续知己知彼，持续丰富你的人生！我把我自己“放进你的鞋子里”，很为你感到兴奋，并且对你的未来充满期待。我也很希望，下次有机会，能够在成功的路上，再与你一起走一段美好的旅程。加油！

请用微信扫二维码，关注刘轩微信视频号，了解更多成长秘密。

请用微信扫二维码，与刘轩交流成长心情。